VEGGIE TO GO
LUNCHBOX REVOLUTION

Edition
Fackelträger

Micaela Stermieri

VEGGIE TO GO
LUNCHBOX REVOLUTION

MIT VEGANEN ALTERNATIVEN

Edition
Fackelträger

Inhaltsverzeichnis

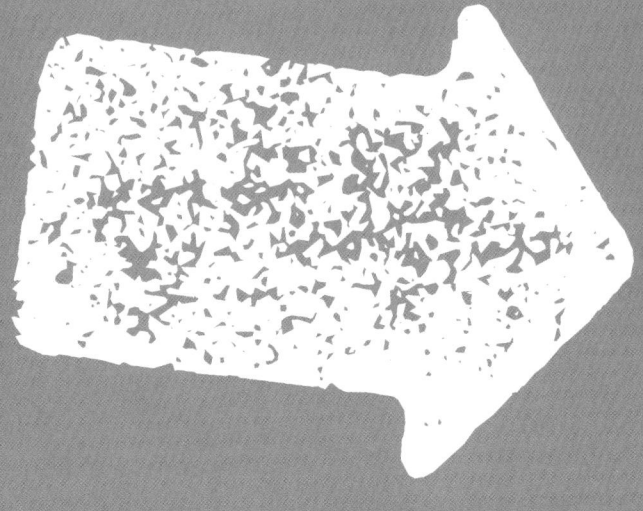

Lunchbox
Revolut

SELBST KOCHEN, MITNEHMEN, GESUND GENIESSEN!

Meine Mutter kochte immer selbst und ernährte ihre Familie gesund. Ihr Motto lautete: „Ich esse lieber ein einfaches Stück Brot mit Käse, als nicht zu wissen, worauf ich herumkaue." („Preferisco mangiare pane e formaggio pittosto che non sapere che cosa ho sotto i denti.") Oft stand sie morgens um 5 Uhr auf, um unser Mittagessen für die Schule vorzubereiten: Pasta mit frischer Sauce, Fleisch und Gemüse, Aufläufe, frische Salate.

Die einzigen Dinge, die in meiner Kindheit aus der Dose kamen, waren Thunfisch und Erbsen.

So etwas färbt ab. Ich scheue vor allem versteckte Zusatzstoffe und Fette, Geschmacksverstärker, unnötige Kalorien und zu hohe Preise. Gerne reden wir uns heute mit Zeitmangel und Stress heraus, wir hätten weder Zeit noch Gelegenheit unser Mittagessen selbst zuzubereiten und während der Arbeitszeit zu genießen – das ist beinahe chic. Wer vor lauter Arbeit nicht zum Essen kommt, ist ein Held. Zu teures, ungesundes Fast Food oder ein gekauftes Brot mit einem Alibi-Salatblatt zwischen den Scheiben sind nun wirklich nicht das Wahre, zumindest nicht täglich.

Mit ein paar Tricks und Tipps, kreativen Rezepten und guten Zutaten wird die Zubereitung eines köstlichen, gesunden Mittagessens zum Mitnehmen ein Kinderspiel. Kaufen wir nach guter Planung hochwertige, frische Produkte gleich für mehrere Mahlzeiten ein und investieren nur wenige Viertelstunden in der Woche in Genuss und Gesundheit! Hin und wieder darf es sogar ein Kompromiss sein: Frisch zubereitete Saucen und Beläge machen hochwertige Fertigprodukte wie Pizzaböden oder Blätterteig zu einem schnellen, aber leckeren Gericht. Oder wir bereiten im Kollegenkreis reihum einfach einmal größere Mengen zu und teilen Mittagessen und Pausenzeit miteinander – ganz im Sinne der Food-Sharing-Bewegung: teilen, statt wegwerfen.

Sie wissen selbst am besten, wann Sie Ihren Lunch am liebsten vorbereiten – ob Sie am Vorabend schnell Reis, Nudeln oder Kartoffeln etwa für einen Salat vorkochen oder dies am Morgen tun, bleibt ganz Ihnen überlassen. Ebenso, ob Sie bestimmte Zutaten in größerer Menge vorbereiten und in verschiedenen Gerichten über die nächsten Tage verarbeiten oder gleich mehrere Portionen eines Gerichts fertigstellen und einfrieren.

Viele Rezepte sind sogar vegan, sie sind extra gekennzeichnet. Die in diesen Rezepten angegebenen Zutaten sind selbstverständlich vegan, auch wenn es omnivore Geschwister gibt. Die vegetarischen oder veganen Zutaten bekommen Sie im Reformhaus, im Asia-Handel oder im gut sortierten Lebensmittelhandel – wahrscheinlich haben Sie aber ohnehin längst Ihre Favoriten und wissen selbst am besten, bei welchen Zutaten Sie zum vegetarischen oder veganen Produkt greifen. Und als Vegetarier oder Veganer sind Sie es gewohnt, einen kritischen Blick auf die Inhaltsstoffe aller Produkte zu werfen. Das sollten sich alle Verbraucher zum Vorbild nehmen, zumal es heutzutage eine reiche Auswahl an guten Nahrungsmitteln gibt.

VEGAN

DIE AUSSTATTUNG

➡ **ALSO:** Schluss mit den Ausreden und ran an die Lunchbox! ◄

IM HAUSHALT

Gerne bereite ich Mahlzeiten in meinem Schnellkochtopf zu – das spart viel Zeit und Energie und schont die Zutaten. Wertvolle Nährstoffe bleiben durch diese Garmethode erhalten. Eine Küchenmaschine mit auswechselbarem Zubehör zum Rühren oder Schneiden und ein robuster Mixer, der etwa auch ein paar Trockenfrüchte zerkleinert, sind Gold wert. Ein Toaster mit Grillfunktion hilft, das Anschalten des Backofens zu vermeiden, wenn zum Beispiel nur wenige Tofu-Scheiben zu backen sind.

Eine große Pfanne oder ein Wok, diverse Töpfe, eine schwere Eisenpfanne, ein Bambusdämpfer oder Dämpfeinsatz für den Schnellkochtopf, eine Flotte Lotte (von Hand oder mit Batterie betrieben), eine Mandoline zum Hobeln und ein scharfes Hackmesser gibt es ohnehin in jedem Haushalt, ebenso Besteck und eine Grillzange – und viel mehr braucht es fast schon nicht.

BICYCLE RIDER'S
LUNCHEON

FORTITUDE, ENDURANCE
AND INVIGORATION

RUSTY THE FOX

ZUM MITNEHMEN

Für Verpackung und Transport eignen sich eine Bento-Box oder ein solider Thermosbehälter mit etwa 1 Liter Kapazität. An vielen Arbeitsplätzen gibt es eine Mikrowelle, um sich sein Essen warm zu machen, wenn man dies möchte – eventuell müssen Sie geeignetes Geschirr mitbringen oder in der Firmenküche lagern. Für den sicheren Transport von Salaten, Früchten, Saucen oder Cremes sind gut verschließbare, leichte Vorratsdosen unverzichtbar. Wieder verwendete Gläser mit Schraubdeckel in allen möglichen Größen tun gleiche Dienste, sollten aber unbedingt gut gereinigt und trocken sein: entweder in der Spülmaschine waschen, oder Gläser mit Wasser füllen und für einige Minuten in die Mikrowelle oder 10 Minuten in einen Topf mit kochendem Wasser stellen.

Wichtig ist auch eine Thermoskanne für Tees oder frische Säfte. Bunte Kunststoffschüsseln, Suppenschalen und eigenes Besteck sowie Servietten können Sie sicher im Büro deponieren. Ich habe in unserer Büroküche neben mein persönliches Geschirr auch Mini-Streuer mit Kräutersalz und Pfeffer sowie ein Fläschchen helle Sojasauce gestellt – so muss man nicht Tag für Tag mitnehmen, was regelmäßig gebraucht wird.

DIE VORRÄTE

Meine Regel besagt, nur so viel Frisches einzukaufen, wie man in den nächsten drei Tagen verarbeiten kann, und lieber einen kurzen Abstecher zum Gemüsehändler oder Supermarkt zu machen, um frische Zutaten zu kaufen. So wird nichts verschwendet und niemand gerät in Gefahr, sich vollzustopfen. Das fördert außerdem die Kreativität – gut so! Kontrollieren Sie außerdem regelmäßig Ihre Tiefkühltruhe, was noch darin verborgen sein könnte, bevor Sie etwas Neues zufügen.

Dennoch macht es die Planung, die Zubereitung und den Genuss des Mittagessens ein ganzes Stück entspannter, wenn man weiß, dass einige Basiszutaten griffbereit vorhanden sind – ganz gleich, ob sie im Supermarkt mit Bioprodukten, im Asia-Handel oder im Reformhaus gekauft wurden, ob Sie sich für vegane Produkte entschieden haben oder ob die Zutaten selbst hergestellt (eingelegt, portionsweise eingefroren o. Ä.) wurden. Hier eine Zutatenliste mit Vorschlägen und Anregungen für eine gut ausgerüstete Speisekammer. Sie können sie als Checkliste für Ihren Einkauf verwenden und nach Belieben ergänzen – das Sortiment kann nach und nach aufgebaut und perfektioniert werden, und es versteht sich von selbst, dass nicht immer alles gleichzeitig vorrätig sein muss!

FRISCHE ZUTATEN:

- Ingwer
- Kartoffeln
- Knoblauch
- Kräuter in Töpfen
  (Basilikum, Petersilie,
  Rosmarin, Salbei, Thymian,
  Petersilie ... u. a.)
- Suppengemüse
- Zitronen
- Zwiebeln

KÜHLSCHRANK:

- Butter
- Eier
- Gemüse (diverse Sorten)
- Joghurt
- Margarine
- Mayonnaise
- Milch
- Parmesan
- Sahne
- Sojasprossen
- Tempeh (auch gut
  einzufrieren)
- Tofu (frisch oder
  vakuumverpackt)

TIEFKÜHLTRUHE:

- Bananenblätter für den
  Bambusdämpfer
- Dampfbrote
- Dim Sums (gefüllte asiatische Teigtaschen)
- Gemüse und Gemüsemischungen
  (geputzt und portioniert)
- Pfannkuchen (FP)
- Teigsorten (FP, Pizza-,
  Blätter-, Mürbeteig)

VORRATSSCHRANK:

- Algen (geröstete Nori-Algen oder Hijiki-Algen)

- Essig (Apfelessig, Balsamico, Reisessig, Weinessig)

- Gemüsebrühwürfel (hefefrei)

- Getreide

- Honig oder Agavensirup

- Hülsenfrüchte (Dosen, z. B. Borlotti- und Cannellini-Bohnen, Kichererbsen, Linsen u. a.)

- Kerne, Samen und Nüsse

- Ketchup

- Mehl

- Misopaste (Sojabohnenpaste, hell, vegetarisch)

- Nudeln (Soba- u. a. asiatische Nudeln)

- Öle (extra natives Olivenöl, Pflanzenöl, Sesamöl)

- Paniermehl

- Pastasorten

- Pilze (getrocknet, z. B. Shiitake oder Mu-Err)

- Puderzucker

- Reisblätter

- Reissorten (Jasmin-, Risotto-, Sushireis u. a.)

- Sake (alternativ Mirin, Reiswein)

- Sambal Oelek (Chilipaste)

- Senf

- Sesamsaat (geröstet)

- Sojasauce (hell, salzarm)

- Stärke

- Tahini (Sesampaste)

- Toastbrot

- Tomaten (in Dosen oder Flaschen, geschält und ganz, stückig, Mark, passiert)

- Tortillas

- Trockenfrüchte

- Trockengemüse

- Wasabipaste

- Wraps

GEWÜRZE

Zum Würzen verwendet man oft nur eine Prise des entsprechenden Gewürzes. Tütchen und Dosen sind oft noch gut gefüllt, wenn das Verfallsdatum naht – das ist ärgerlich. Eine Lösung könnte eine Gewürztauschbörse unter Freunden, Nachbarn und Kollegen sein, bei der man kleine Mengen untereinander tauscht. Ideal ist eine Gewürzbox, wie sie in Indien verwendet wird: In einer runden Edelstahldose mit Deckel befinden sich Schälchen mit den am häufigsten verwendeten Gewürzen – trocken und dunkel aufbewahrt sind sie so stets einsatzbereit. Eine solche Sammlung können Sie sich in einer schönen Keksdose mit kleinen Schraubgläschen oder Schnapsgläsern sowie Espressolöffelchen auch selbst anlegen. Diese Gewürze sollten Sie vorrätig haben:

- Chilis (getrocknet)

- Currymischung (oder diverse Masalasorten)

- Fünf-Gewürze-Pulver

- Koriander

- Kreuzkümmel

- Kurkuma

- Meersalz (fein und grob)

- Muskatnüsse (ganz)

- Oregano

- Pfeffer in der Mühle

- Pizzagewürz

- Senfkörner (schwarz)

- Zucker

GLÄSER/EINGEMACHTES/ EINGELEGTES:

- Gewürzgürkchen
- Ingwer (eingelegt)
- Kapern in Essig
- Oliven (schwarz und grün)
- Peperoni (scharf)
- Rettich (eingelegt)
- Senfblätter (eingelegt, für Nudelsuppen)
- Tofu (selbst eingelegt)
- Tomatensauce (s. S. 24 auch zur Weiterverarbeitung z. B. für Tomatensuppe, s. S. 120)

VEGANE ALTERNATIVEN:

- Brühe ➡ hefefreie Gemüsebrühe
- Butter ➡ Sojajoghurt oder vegane Margarine
- Feta ➡ Kräutertofu
- Honig ➡ Agavendicksaft
- Honigsenf ➡ süßer veganer Senf
- Joghurt ➡ Sojajoghurt
- Käse ➡ veganer Käse
- Käse, besonders würzig ➡ Räuchertofu
- Mayonnaise ➡ vegane Mayonnaise oder Tofunaise (s. S. 25)
- Milch ➡ Sojamilch
- Mozzarella ➡ veganer Mozzarella
- Parmesan ➡ Hefeflocken
- Quark ➡ Sojaquark
- Ricotta ➡ Sojaquark
- Sahne ➡ Sojasahne
- saue Sahne ➡ fein pürierter Tofu

Grundre
Dips und

TOFU-MARINADEN

Marinierter Tofu schmeckt als Suppeneinlage, im Salat oder Auflauf.
Er kann gekocht, gebraten, gegrillt oder gebacken werden.

VEGAN

Zubereitungszeit 10 Minuten
zzgl. 2 Stunden Marinierzeit

Tofu in klassischer Marinade
400 g fester Tofu
150 ml Sojasauce
1 ½ TL Sambal Oelek (Chilipaste)
1 Schuss Sesamöl

Den Tofu in ca. 5 mm dicke Scheiben schneiden. In einer großen, flachen Vorratsdose alle übrigen Zutaten mit 200 ml Wasser zu einer Marinade vermischen, Tofu-Scheiben in die Marinade legen, sie sollten von der Flüssigkeit bedeckt sein. Die Dose verschließen und den Tofu mindestens 2 Stunden marinieren, dabei die Dose ab und zu schwenken.

Tofu in Weißweinmarinade
400 g fester Tofu
300 ml hefefreie Gemüsebrühe
1 getrocknete Chilischote
1 TL Pizzagewürz
200 ml Weißwein

Den Tofu in 1 cm dicke Scheiben oder Würfel schneiden. In einem Topf die Gemüsebrühe mit dem Pizzagewürz und der Chilischote aufkochen. Die Tofu-Scheiben oder -Würfel in eine große, flache Vorratsdose legen. Zunächst mit Wein übergießen, dann die leicht abgekühlte Brühe darübergeben. Den Tofu mindestens 2 Stunden marinieren.

Tofu in Kräutermarinade
400 g fester Tofu
Schale und Saft von
   1 unbehandelten Zitrone
1 Rosmarinzweig
4 Salbeiblätter
1 TL schwarze Pfefferkörner
1 EL Meersalz

Den Tofu in 1 cm dicke Scheiben oder Würfel schneiden. 400 ml Wasser mit zwei Streifen Zitronenschale, Rosmarin, Salbei Pfeffer und Salz zum Kochen bringen und 5 Minuten köcheln lassen. Vom Herd nehmen und leicht abkühlen lassen.
   Tofu in eine breite Vorratsdose geben, den Saft der Zitrone darübergießen und den Sud angießen. Mindestens 2 Stunden marinieren.

TOMATENSAUCE

Diese Sauce schmeckt nicht nur als Pastasauce, sondern auch als Basis auf einem Pizzaboden, in einer Gemüsepfanne oder als Dip zu Wraps und Snacks. Mit Gemüsebrühe verdünnt ergibt sie eine köstliche Tomatensuppe.

Zubereitungszeit 5 Minuten
zzgl. 20 Minuten Kochzeit

➡ Für 1 Flasche

4 Knoblauchzehen
2 EL Olivenöl zzgl. etwas
    zum Abdichten
1 Handvoll Petersilie (TK)
1 Flasche passierte Tomaten (750 g)
1 hefefreier Gemüsebrühwürfel
    (alternativ Kräutersalz)
Salz und frisch gemahlener
    schwarzer Pfeffer

Den Knoblauch fein hacken. In einem Topf das Olivenöl erhitzen. Knoblauch und Petersilie darin scharf anbraten, dann die Tomaten zugießen. Etwas Wasser in die Tomatenflasche gießen, schütteln und die Flüssigkeit mit in den Topf geben.

Den Brühwürfel über der Sauce zerbröseln, umrühren und die Sauce mit Salz und Pfeffer abschmecken. Den Deckel auf den Topf setzen und die Sauce aufkochen. Sobald die Sauce kocht, die Temperatur reduzieren und alles weitere 10 Minuten köcheln lassen.

Nicht sofort verbrauchte Sauce in sterilisierte Gläser mit Schraubdeckeln füllen. Einige Tropfen Öl auf die Saucenoberfläche träufeln und die Deckel zuschrauben. Die Gläser kopfüber auf ein Küchentuch oder Küchenpapier stellen, bis sie abgekühlt sind – so ist die Sauce luftdicht konserviert.

➡ **AUF SEITE 27** finden Sie
das Foto zu diesem Rezept ◀

VEGAN

ORIENTALISCHE SAUCE

Diese würzig-aromatische Sauce begleitet Couscous- und Reisgerichte, Wraps und Tortillas, gedämpftes Gemüse und vieles mehr. Kühl aufbewahrt hält sie sich bis zu 5 Tage.

Zubereitungszeit 5 Minuten zzgl. 45 Minuten Kochzeit

➡ Für 1 großes Schraubglas

2 Schalotten
2 Knoblauchzehen
200 g Karotten (alternativ Süßkartoffeln oder Kürbis)
3 EL passierte Tomaten aus der Flasche oder der Dose
2 EL Rosinen
1 Msp. Zimt
1 Msp. Chilipulver
1 TL fein geriebener Ingwer
3 EL Rohrzucker
100 ml Apfelessig

Die Schalotten und den Knoblauch fein hacken, die Karotten reiben. Mit 250 ml Wasser und allen übrigen Zutaten in einem Topf aufkochen. Sobald die Sauce kocht, die Temperatur reduzieren und die Sauce mit aufgesetztem Deckel noch etwa 40 Minuten köcheln lassen.

➡ **AUF SEITE 27** finden Sie das Foto zu diesem Rezept ◀

VEGAN

TOFUNAISE

Ich genieße meine Tofunaise als Brotaufstrich, als Dip zu Rohkost, zu gebackenen Kartoffeln und als Pastasauce.

Zubereitungszeit 15 Minuten

➡ Für 700 g Creme

400 g frischer, nicht zu fester Tofu
100 g Gewürzcornichons
50 ml Essigwasser
1 EL scharfer Senf
1 ½ EL Kräutersalz
1 TL Puderzucker
je 2 EL gehackte Petersilien und Dill
6 EL Pflanzenöl
Salz und frisch gemahlener schwarzer Pfeffer

Den Tofu in den Mixer bröckeln, die Cornichons grob hacken. Alle Zutaten miteinander im Mixer sehr cremig-glatt pürieren, das kann – mit Unterbrechungen, damit der Mixer nicht heiß läuft – bis zu 10 Minuten dauern.

Die Tofunaise in ein gut verschließbares Gefäß füllen, kühl stellen und ziehen lassen. Nach Belieben abschmecken. Die Tofunaise hält sich, im Kühlschrank aufbewahrt, mehrere Tage.

VEGAN

BARBECUE-SAUCE

VEGAN

Zubereitungszeit 5 Minuten
zzgl. 10 Minuten Kochzeit

➡ Für 1 großes Schraubglas

8 Knoblauchzehen
125 ml Apfelcidre
125 ml Ketchup
5 EL brauner Zucker
½ TL Cayennepfeffer
1 TL Salz
1 TL frisch gemahlener
  schwarzer Pfeffer

Die Knoblauchzehen schälen und durch die Presse drücken.

Alle Zutaten in einen Topf geben, zum Kochen bringen und unter Rühren 5 Minuten köcheln lassen. Nach Belieben abschmecken.

Abkühlen lassen und zum Aufbewahren in ein sterilisiertes Glas mit Schraubdeckel gießen. Gut verschließen und kopfüber auf ein Küchentuch stellen, bis die Sauce abgekühlt ist.

WÜRZIG-SCHARFE ASIATISCHE SAUCE

Diese leichte Sauce schmeckt zu gedämpftem Gemüse, Tofu, Dim Sum oder als Dip zu Reispapier-röllchen. Die Mengen der einzelnen Zutaten können je nach Geschmack variiert werden, zur Vorrats-haltung aber keinen Schnittlauch zugeben und kühl aufbewahren.

Zubereitungszeit 5 Minuten

➡ Für 1 Portion

1 TL Honig (vegan: Agavendicksaft
  oder Zuckerrübensirup)
1 TL Sambal Oelek (Chilipaste)
1 TL Sesamöl
2 EL Reisessig
2 EL helle Sojasauce
1 EL fein gehackter Schnittlauch

In einer Schüssel den Honig mit Sambal Oelek und Sesamöl gut miteinander verrühren. Die restlichen Zutaten dazugeben und alles gründlich mischen.

MANGOCHUTNEY

Dieses Chutney passt zu vielen Gerichten wie Suppen (anstatt Pesto), zu Frikadellen, Gegrilltem, Tortillas, belegten Broten, kräftigen Käsesorten, Salaten und Räuchertofu. Das Chutney hält sich luftdicht in Gläser abgefüllt und dunkel gelagert bis zu 6 Monate.

➡ FOTO

Zubereitungszeit 15 Minuten
zzgl. 25 Minuten Kochzeit sowie Kühlzeit

➡ Für 1 kg Chutney

2 frische Mangos
    (je 400 g, für 500 g Fruchtfleisch)
2 TL fein geriebener Ingwer
1 TL Cayennepfeffer
2 TL Senfkörner
3 große Knoblauchzehen, zerdrückt
300 g Palmzucker
300 ml Weißweinessig
100 g Rosinen
150 g Pinienkerne

VEGAN

Die Mangos schälen und das Fruchtfleisch vom Kern schneiden. In mundgerechte Stücke schneiden und mit dem Ingwer sowie dem Cayennepfeffer gut verrühren. Zum Marinieren beiseitestellen. Die restlichen Zutaten bis auf die Pinienkerne in einen Topf mit schwerem Boden füllen. Aufkochen und weiterköcheln lassen, bis sich der Zucker aufgelöst hat. Jetzt die marinierten Mangos dazugeben und alles weitere 15 Minuten köcheln lassen, bis das Ganze eingedickt ist. Den Topf vom Herd nehmen, die Pinienkerne unterrühren und das Chutney in sterilisierte Gläser mit Schraubdeckel gießen. Die Gläser sollten fast bis zum Rand gefüllt sein. Rasch die Deckel zuschrauben, die Gläser kopfüber auf ein Küchentuch stellen und abkühlen lassen.

Vor dem Abfüllen in die Gläser kann das Chutney auch zerstampft werden, die musige Konsistenz passt toll zum Geschmack der Mango.

MEDITERRANES WÜRZSALZ

Dieses Würzsalz, in Italien „salamoia bolognese" genannt, verfeinert Grillgerichte, Ofen- oder Bratkartoffeln, gedämpftes Gemüse, Spaghetti mit Olivenöl und etwas Pecorino, ein Tofu-Filet und vieles mehr. Es hält sich mit frischen Kräutern zubereitet bis zu 3 Monate und mit getrockneten Kräutern noch länger.

Zubereitungszeit 10 Minuten

➡ Für 1 kleines Glas

1 Handvoll frische Salbeiblätter
1 Handvoll frische Rosmarinnadeln
    (bei Verwendung getrockneter
    Kräuter 2 EL je Kraut)
2 Knoblauchzehen
100 g grobes Meersalz

Die frischen Kräuter waschen, trocken schütteln und tupfen. Die Knoblauchzehen schälen und andrücken. Alle Zutaten bis auf das Salz in einem Mixer zerkleinern, dann das Salz zugeben und weiter zerkleinern, bis alles gut vermischt und das Salz feinkörnig geworden ist. Getrocknete Kräuter und Meersalz direkt zusammen in den Mixer geben.

In einem luftdicht schließenden Schraubglas bei Raumtemperatur aufbewahren und sparsam verwenden.

VEGAN

GERÖSTETE TOFU-SCHEIBEN

Die gesündeste Alternative zu Chips! Sie schmecken pur, zum Dippen oder zu Gemüse und Salaten.

Zubereitungszeit 5 Minuten zzgl. 8 Minuten Grillzeit sowie Marinierzeit

➡ Für 2 Portionen

400 g fester Tofu
1 Portion Marinade nach Geschmack (siehe Seite 32)
1 EL Sesamöl

Den Tofu in 5 mm dicke Scheiben schneiden und in die Marinade legen, die Scheiben sollten gerade bedeckt sein. Die Dose verschließen und für mindestens 6 Stunden beiseitestellen. Die Dose hin und wieder schwenken.

Den Backofengrill auf 200 °C vorheizen. Die Tofu-Scheiben aus der Marinade nehmen, trocken tupfen und auf ein mit Backpapier ausgelegtes Blech legen. Mit etwas Sesamöl einpinseln. Den Tofu auf jeder Seite etwa 4 Minuten kross grillen.

Die Scheiben halten sich, in Backpapier gewickelt, mehrere Tage.

GERÖSTETER TEMPEH

Gerösteter Tempeh schmeckt als Baconersatz auf Brot, etwa auf Filoncinobrot (siehe Seite 74), als Beilage zu Gemüsepfannen, einfachen Pastagerichten oder auf Salat.

Zubereitungszeit 5 Minuten zzgl. 15 Minuten Grillzeit sowie Marinierzeit

➡ Für 10 Scheiben

200 g Tempeh am Stück
1–2 EL Pflanzenöl
2 EL Sojasauce
1 TL Sambal Oelek (Chilipaste)
1 Schuss Balsamico

Den Backofengrill auf 200 °C vorheizen. Den Tempeh in 5 mm dicke Scheiben schneiden. Auf einen Teller legen und von beiden Seiten mit Öl bepinseln.

Sojasauce, Sambal Oelek und Balsamico verrühren und über die Tempeh-Scheiben gießen. Die Scheiben nach 10 Minuten wenden und nochmals 5 Minuten ziehen lassen. Sollte die Marinade nicht reichen, dann noch etwas zusätzlich anrühren und zum Tempeh geben.

Die Scheiben auf ein mit Backpapier bedecktes Blech legen und unter dem Grill beidseitig rösten, bis sie knusprig sind, das dauert etwa 6–7 Minuten pro Seite.

KAVIAR VON HIJIKI-ALGEN

Eine absolut edle Beilage zu Salaten und gekochten Kartoffeln, eine Einlage in samtigen Suppen oder ein Brotbelag. Ich danke meiner Freundin Elizabeth aus NYC für dieses Rezept!

Zubereitungszeit 5 Minuten
zzgl. 10 Minuten Kochzeit,
30 Minuten Einweichzeit
sowie Kühlzeit

➡ Für 300 g Kaviar

30 g Hijiki-Algen
   (aus dem Asia-Handel)
1 Schalotte
1 kleine Knoblauchzehe
1 EL Sesamöl
1 Prise Meeressalz
1 TL Reisessig
1 TL Sojasauce

Die Algen 30 Minuten in heißem Wasser einweichen. Danach in ein Sieb abgießen und die Algen gut ausdrücken.

Die Schalotte und den Knoblauch sehr fein hacken. In einer Pfanne das Sesamöl erhitzen. Schalotte und Knoblauch darin 1 Minute anbraten, dann die Algen unterrühren und alles einige Minuten schmoren. Genug heißes Wasser dazugeben, bis die Algen bedeckt sind. Salz und Essig hinzufügen und bei reduzierter Temperatur die Flüssigkeit verdampfen lassen. Zum Schluss die Sojasauce dazugeben, die Pfanne vom Herd nehmen und den Algenkaviar abkühlen lassen. Vor dem Verzehr mindestens 2 Stunden kalt stellen.

In ein sterilisiertes Einmachglas füllen und kühl lagern. So aufbewahrt hält sich der Kaviar bis zu 1 Woche frisch.

VEGAN

AVOCADO-SALSA

Die Super-Salsa: Leicht und nahrhaft. Zum Löffeln oder Dippen. Fantastisch als cremiges Dressing zu Feld- oder Wildsalat.

Zubereitungszeit 10 Minuten

➡ Für 2 Portionen

1 reife Avocado
2 EL Sahne (vegan: Sojasahne)
2 EL Olivenöl
1 ½ EL Zitronensaft
1 TL getrockneter Majoran
1 Prise Cayennepfeffer
½ TL Honig (vegan: Agavendicksaft)
½ TL Kräutersalz

Die Avocado halbieren, den Kern entfernen und das Fruchtfleisch aus der Schale löffeln. In einer Schüssel zerdrücken, alle anderen Zutaten dazugeben. Alles gut mischen und mit einem Pürierstab cremig rühren. In eine Vorratsdose füllen und den Kern der Avocado dazulegen, so wird die Salsa nicht dunkel. Sie hält sich, kühl aufbewahrt, einige Tage frisch.

FETA-DIP ZU ROHKOST

Zubereitungszeit 5 Minuten

➡ Für 2 Tassen

250 g cremiger Feta (vegan: Sojaquark)
100 ml Vollmilch (vegan: Sojamilch)
2 EL Pinienkerne oder Walnüsse
4 EL schwarze Oliven ohne Stein
4–6 Basilikumblätter
frisch gemahlener schwarzer Pfeffer

Den Feta in einen hohen Becher bröckeln und alle anderen Zutaten dazugeben. Mit einem Pürierstab cremig rühren, eventuell etwas mehr Milch oder Wasser zugeben, damit der Dip nicht zu trocken wird.
  Dazu schmecken Sticks von Gurken und Sellerie oder Spalten von milden Frühlingszwiebeln, Chicorée oder Fenchel sowie Fladenbrot oder Tortillas.

ZUCCHINI-MOUSSE

DAS Rezept für heiße Sommertage! Die Mousse direkt aus dem Glas löffeln und mit Grissini oder Crackern genießen. Oder eine Scheibe rustikales Brot damit bestreichen und mit Tomatenscheiben belegen.

➡ **FOTO**

Zubereitungszeit 10 Minuten
zzgl. 10 Minuten Kochzeit
sowie Kühlzeit

➡ Für 2 große Portionen

700 g kleine, zarte Zucchini
2 Knoblauchzehen, geschält
300 g saure Sahne
    (vegan: Sojajoghurt und -sahne
    gemischt)
1 guter Schuss helle Sojasauce
1 EL Zitronensaft
Salz und frisch gemahlener
    schwarzer Pfeffer

Die Zucchini waschen und in große Stücke schneiden, in einem Sieb mit dem Knoblauch über kochendem Salzwasser in 10 Minuten gar dämpfen. Dann kurz unter kaltem Wasser abschrecken und weitere 10 Minuten abkühlen lassen. Zucchini und Knoblauch mit einer Gabel etwas zerdrücken und in den Mixer geben. Saure Sahne, Sojasauce, Zitronensaft, Salz und Pfeffer hinzufügen und alles gründlich pürieren, bis eine samtige Mousse entsteht. Abschmecken und in sterilisierte Einmachgläschen füllen, diese gut zuschrauben und die Masse vor dem Verzehr für einige Stunden in den Kühlschrank stellen.

ERBSENPESTO

Dieses Pesto ist als Brotaufstrich (zum Beispiel für das Filoncinobrot auf Seite 74), als Dip zu Knäckebrot oder einfach zu gekochten lauwarmen Kartoffeln köstlich. Einen Löffel davon auf knackigem Salat oder auf Tofu-Scheiben – mehr braucht man nicht zum Lunch!

Zubereitungszeit 5 Minuten
zzgl. 10 Minuten Kochzeit

➡ Für 1 Glas Pesto

250 g feine Erbsen (TK)
1 EL scharfer Senf
3 EL Olivenöl
3 EL Pecorino oder Parmesan
    (vegan: Hefeflocken)
5 Minzeblätter
8–10 Basilikumblätter
1 Spritzer Zitronensaft
Salz und frisch gemahlener
    schwarzer Pfeffer

In einem Topf gesalzenes Wasser aufkochen und die Erbsen darin in 5–7 Minuten gar kochen.
    Abgießen und die Erbsen entweder durch eine Flotte Lotte passieren oder direkt mit den anderen Zutaten in einen Mixer geben. Alles gründlich mixen, dabei genügend Olivenöl zugeben.

KICHERERBSENPATÉ (HUMMUS)

➡ FOTO

Mein Mann Max liebt Hummus und bereitet ihn gern selbst zu, nachdem ihn Geschmack und Preis gekaufter Produkte häufig enttäuscht haben. Durch das mittlere Sieb einer Flotten Lotte passiert, werden die Kichererbsen von der Schale befreit. So werden Hummus und andere Patés aus Hülsenfrüchten luftig-leicht und gut bekömmlich.

Zubereitungszeit 15 Minuten

➡ Für 2 Portionen

1 Dose Kichererbsen
   (240 g Abtropfgewicht)
4 TL Tahini (Sesampaste)
Saft von 1 Zitrone
1 Prise Salz
1 Knoblauchzehe
   (alternativ 1 Prise
   getrockneter Majoran)
1 TL edelsüßes Paprikapulver
   zum Garnieren

Die Kichererbsen und etwas von deren Flüssigkeit mit der Flotten Lotte zermusen, anschließend mit den übrigen Zutaten, bis auf das Paprikapulver, mit einem Pürierstab oder im Mixer zu einer Creme rühren. Beiseitestellen und durchziehen lassen.

Der Hummus hält sich einige Tage frisch. Er wird klassisch mit geröstetem Fladenbrot oder verschiedenen Gemüsen genossen. Leicht verdünnt wird daraus ein Salatdressing für bittersüße Salatsorten wie Chicorée oder Radicchio.

SPARGELCREME GEGEN MONTAGSBLUES

Packen Sie Grissini, Cracker oder Taralli, die Gebäckkringel mit Kreuzkümmel aus Apulien, zum Dippen ein. Die Spargelcreme harmoniert ebenfalls mit Vollkorn-Penne.

Zubereitungszeit 10 Minuten
zzgl. 10 Minuten Kochzeit
und Kühlzeit

➡ Für 3 Portionen

10–12 frische grüne Spargelstangen
8 grüne Oliven ohne Stein
1 EL eingelegte Kapern
1 EL glatte Petersilie
1 EL Pinienkerne
3 EL extra natives Olivenöl
1 Msp. Sambal Oelek
   (Chilipaste)
Salz und frisch gemahlener
   schwarzer Pfeffer

Den Spargel im unteren Stangendrittel schälen und die Enden abschneiden.

In einem Topf gesalzenes Wasser aufkochen und den Spargel darin 7–8 Minuten garen, er sollte bissfest bleiben. Sofort in sehr kaltes Wasser tauchen, damit die Farbe erhalten bleibt.

Oliven, ausgedrückte Kapern, Petersilie, Pinienkerne, Olivenöl, Sambal Oelek, Salz und Pfeffer in einen Mixer geben. Den Spargel in grobe Stücke schneiden und dazugeben. Alle Zutaten schaumig pürieren und nochmals abschmecken.

In ein oder mehrere sterilisierte Gläschen füllen und kühl stellen. Die Creme hält sich so aufbewahrt bis zu 2 Wochen.

SESAM-TOFU-CREME

VEGAN

Diese leichte Creme kann sowohl als Füllung für Folienkartoffeln als auch als schnelle Zwischenmahlzeit mit knackiger Rohkost oder Knäckebrot genossen werden. Mit wenig Zitronenwasser verdünnt, dient sie als Würze für gedämpftes Gemüse, besonders gut schmeckt sie zu Prinzessböhnchen.

Zubereitungszeit 10 Minuten
zzgl. Kühlzeit

➡ Für 2 Portionen

4 TL gerösteter heller Sesam und
  1 TL Salz oder 5 EL Gduasio
1 TL Puderzucker
200 g frischer Tofu
2 TL helle Sojasauce
½ TL Zitronensaft
Salz und frisch gemahlener
  schwarzer Pfeffer

Sesam, Salz und Puderzucker im Mixer grob mahlen. Den Tofu mit den Händen leicht ausdrücken und in den Mixer zu den anderen Zutaten bröckeln. Sojasauce, 1 EL Wasser und Zitronensaft hinzufügen. Alles zu einer nicht zu feinen Creme pürieren.

In einem verschließbaren Gefäß mindestens 10 Minuten kühl stellen und ziehen lassen. Nach Belieben abschmecken. Gut gekühlt hält sich die Creme mehrere Tage und gewinnt sogar noch an Aroma.

MEDITERRANE TOFU-CREME

Diese Tofu-Creme geht mit Vollkorn-Spaghetti und frischen Basilikumblättern die beste Verbindung ein. Zu Tortillas schmeckt sie als Dip und mit etwas Sojamilch verdünnt wird daraus ein fantastisches Salatdressing.

Zubereitungszeit 15 Minuten
zzgl. Kühlzeit

➡ Für 500 g Creme

200 g frischer, nicht zu fester Tofu
100 g Sahne (vegan: Sojasahne)
2 Handvoll frischer Basilikum
8 eingelegte getrocknete Tomaten,
  gut abgetropft
2 EL schwarze Oliven ohne Stein,
  gut abgetropft
2 TL Pizzagewürz
3 EL Olivenöl
2 TL Salz
2 EL Apfelessig
1 Prise Cayennepfeffer
frisch gemahlener weißer Pfeffer

Den Tofu fein zerbröseln und die Sahne unterrühren. Basilikum, Tomaten und Oliven grob hacken. Alle Zutaten gut miteinander verrühren.

Die Creme in ein sterilisiertes Einmachglas füllen und mindestens 2 Stunden kühl stellen. Sie hält sich so mehrere Tage.

Auf die H

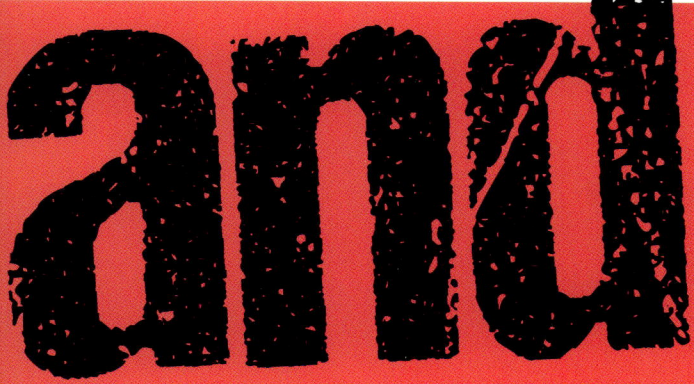

ANTIPASTI AM SPIESS

Antipasti kennen die meisten sicherlich nur auf überladenen Platten in zig verschiedenen Sorten. Hier werden sie schnell und handlich gereicht – perfekt für einen sommerliches Mittagessen.

Zubereitungszeit 10 Minuten
zzgl. 10 Minuten Kochzeit

➡ Für 4 Spieße

2 kleine Zucchini
20 Kirschtomaten
200 g Schafskäse
   (vegan: 1 Scheibe Kräutertofu)
8 grüne und/oder schwarze Oliven
   ohne Stein
1 Schuss Balsamico
Kräutersalz
frisch gemahlener
   schwarzer Pfeffer
Olivenöl zum Anbraten

Die Zucchini putzen und mit einem Sparschäler längs in hauchdünne Scheiben schneiden. Den Käse oder Tofu in 1 x 2 cm große Stücke schneiden. Die Stücke in die Zucchinischeiben einrollen.

Abwechselnd eine Tomate, eine Olive und eine Zucchinirolle aufspießen. In einer Pfanne das Olivenöl erhitzen und die Spieße darin von jeder Seite etwa 2 Minuten braten, dabei mit Kräutersalz und Pfeffer würzen. Mit Balsamico beträufeln und diesen verdampfen lassen. Kurz abkühlen lassen und die Spieße in eine Vorratsdose legen.

GESCHMORTES GEMÜSE
AUF TARTELETTES

Die Tartelettes brauchen ein bisschen länger, sowohl in der Zubereitung, als auch beim Backen. Aber dafür sind sie unglaublich lecker – und ab und zu braucht man etwas Luxus.

Zubereitungszeit 25 Minuten
zzgl. 30 Minuten Backzeit
sowie Ruhezeit für den Teig

➡ Für 4 Tartelettes

Teig
200 g Mehl zzgl. Mehl für
    die Arbeitsfläche
150 g Naturjogurt (vegan: Sojajoghurt)
1 EL Zitronensaft
1 Prise Salz

Gemüse
20 Kirschtomaten
2 kleine Zwiebeln, gehackt
1 rote Chili, entkernt und gehackt
2 Tassen Mischgemüse, gewürfelt
½ Dose geschälte Tomaten (200 g)
1 Prise getrockneter Oregano
Olivenöl zum Braten
frisch geriebener Parmesan
    (alternativ Hefeflocken)
    zum Bestreuen
Salz und frisch gemahlener
    schwarzer Pfeffer

Die Zutaten für den Teig sowie 1 EL kaltes Wasser in einer Schüssel mit den Knethaken des Handrührgeräts zu einem elastischen Teig verarbeiten. In Frischhaltefolie wickeln und kühl stellen. Der Teig soll mindestens 1 Stunde kühl lagern, darf aber bis 2 Tage im Voraus zubereitet werden.

Den Backofen auf 200 °C vorheizen. Die Kirschtomaten waschen und trocken tupfen. In einer großen Pfanne etwa 1 EL Olivenöl erhitzen und die Kirschtomaten darin leicht anbraten. Den Deckel aufsetzen und die Pfanne hin und wieder rütteln, damit die Tomaten nicht anbrennen. Sobald sie geplatzt sind, aus der Pfanne nehmen und beiseitelegen.

Mehr Öl in der Pfanne erhitzen. Zwiebeln und Chili darin glasig dünsten. Je nach Konsistenz das Gemüse nacheinander zugeben (weicheres Gemüse erst ganz zum Schluss), mit Salz und Pfeffer würzen. Die Temperatur reduzieren. Nach etwa 5 Minuten die geschälten Tomaten samt Flüssigkeit dazugießen und alles nochmals 5 Minuten ohne Deckel weiterköcheln lassen. Die Pfanne vom Herd nehmen, eine Prise Oregano zum Gemüse geben und abkühlen lassen.

Den Teig in vier etwa gleich große Stücke teilen und auf einer bemehlten Arbeitsfläche dünn ausrollen, dabei muss die Form nicht perfekt rund sein. Auf ein mit Backpapier ausgelegtes Blech legen. Das Gemüse auf die Teigplatten verteilen. Dabei nicht zu viel Flüssigkeit mit auf den Teig geben und einen Rand von etwa 2 cm frei lassen und etwas hoch klappen. Die Kirschtomaten darauf verteilen und den Käse darüberreiben oder -bröseln. Im Ofen 30 Minuten backen.

BLUMENKOHLBURGER

VEGAN

Zubereitungszeit 15 Minuten
zzgl. 45 Minuten Koch- und Backzeit

➡ Für 6 mittelgroße Burger

1 kleiner Blumenkohl
300 g Kartoffeln
1 Handvoll Petersilie
3 Knoblauchzehen
2 EL grüne Oliven ohne Stein
2 EL eingelegte Kapern
3–4 EL Olivenöl zum Braten
100 g Semmelbrösel
2 EL Kürbiskerne
frisch gemahlene Muskatnuss
Salz und frisch gemahlener
    schwarzer Pfeffer

Den Backofen auf 180 °C vorheizen. Den Blumenkohl in Röschen teilen. Die Kartoffeln schälen und reiben. Petersilie, Knoblauch, Oliven und Kapern fein hacken.

In einem großen Topf das Olivenöl erhitzen und Petersilie, Knoblauch, Oliven und Kapern darin anbraten. Die geriebenen Kartoffeln dazugeben und alles bei erhöhter Temperatur einige Minuten weiterbraten. Dann den Blumenkohl hinzugeben, alles reichlich mit Muskatnuss, Salz und Pfeffer würzen. Umrühren, ein halbes Glas Wasser darübergießen und zugedeckt bei niedriger Temperatur 15 Minuten, oder bis der Blumenkohl gar ist, schmoren. Bei Bedarf noch etwas Wasser hinzufügen.

Das Gemüse zerstampfen, Semmelbrösel und Kerne untermischen. Diesen Teig etwas abkühlen lassen und nochmals abschmecken. Dann Burger daraus formen und auf ein mit Backpapier ausgelegtes Blech legen. In etwa 15 Minuten goldbraun backen. Dazu schmeckt ein grüner Salat und asiatische Sweet-Chili-Sauce.

EXOTISCHER ZWIEBELKUCHEN

Mit Kurkuma und Senf wird dieser Zwiebelkuchen richtig exotisch – und hilft gegen trübe Herbststimmung.

Zubereitungszeit 15 Minuten
zzgl. 45 Minuten Koch- und Backzeit

➡ Für 1 Backblech

500 g süßliche Zwiebeln
2 EL Öl
1 TL gemahlene Kurkuma
1 TL schwarze Senfkörner
250 g Ricotta
3 EL frisch geriebener Parmesan
2 EL Semmelbrösel
1 Ei
1 Pckg. Blätterteig aus dem Kühlregal
Mehl zum Bestäuben
Salz und frisch gemahlener
    schwarzer Pfeffer

Den Backofen auf 180 °C vorheizen. Die Zwiebeln schälen und in dünne Scheiben schneiden. In einer großen Pfanne das Öl erhitzen, Kurkuma und Senfkörner darin anbraten. Die Zwiebeln zugeben und alles scharf anbraten. Mit Salz und Pfeffer würzen, die Zwiebel-Gewürz-Mischung immer wieder umrühren.

Die Temperatur reduzieren und ein Glas Wasser in die Pfanne gießen. Den Deckel aufsetzen und die Zwiebeln 15 Minuten schmoren lassen. Inzwischen die restlichen Zutaten außer dem Blätterteig zu einer Creme verrühren, kräftig mit Salz und Pfeffer würzen.

Den Blätterteig mit etwas Mehl bestäuben und mit einem Nudelholz dünn ausrollen. Auf ein mit Backpapier ausgelegtes Blech legen. Die Ricottamischung unter die Zwiebeln rühren. Auf dem Teig verteilen und im Ofen in 25 Minuten goldbraun backen.

KARTOFFELSTRUDEL

Zubereitungszeit 15 Minuten
zzgl. 25 Minuten Kochzeit
sowie Kühlzeit

➡ Für 4–6 Portionen

1 Pckg. Blätterteig
1 Spritzer Chiliöl zzgl. etwas
 für die Füllung
500 g geschälte, gekochte Kartoffeln
200 g Mozzarella (vegan: Kräutertofu)
1 Handvoll schwarze Oliven ohne Stein
8 in Öl eingelegte Tomaten
1 TL getrockneter Oregano
Salz und frisch gemahlener
 schwarzer Pfeffer

Den Backofen auf 180 °C vorheizen. Den Blätterteig auf Backpapier dünn ausrollen und auf ein Backblech ziehen. Den Teig mit Chiliöl, Salz und Pfeffer würzen. Die Kartoffeln in dünne Scheiben schneiden und auf dem Teig verteilen, dabei einen Rand von 2 cm frei lassen.

Mozzarella (oder Tofu) auf einem großen Schneidebrett erst in Scheiben schneiden, dann mit den Oliven und den Tomaten hacken. Mit Oregano mischen und alles auf den Kartoffelscheiben verteilen. Nochmals mit Salz, Pfeffer und nach Belieben mit Chiliöl würzen. Alles zu einem Strudel rollen und die Enden fest zudrücken. Mit einer Messerspitze die Oberfläche mehrfach einstechen und den Strudel in den Ofen schieben. Der Strudel ist fertig, wenn der Teig goldbraun ist. Der Strudel schmeckt sowohl warm als auch kalt. Dazu passen Kirschtomaten und Gurkenstifte.

GEBACKENE FRITTATA

Zubereitungszeit 5 Minuten
zzgl. 20 Minuten Backzeit

➡ Für 1 Frittata

3 Eier
1 EL Mehl
1 Prise Natron
100 g Sahne
Parmesanstückchen, geriebener
 Käse, kleingeschnittene getrocknete
 Tomaten, Gemüsewürfel, Kartoffel
 stückchen, frische Kräuter o. Ä.
 nach Belieben
Öl für die Form
Salz und frisch gemahlener
 schwarzer Pfeffer

Den Backofen auf 180 °C vorheizen. Eine Backform mit Öl einpinseln. In einer Schüssel Eier, Mehl, Natron und Sahne schaumig schlagen und in die Form gießen. Zutaten nach Wahl darauf verteilen.

Die Form in den Ofen schieben und die Frittata in 20 Minuten, oder bis sie fest ist, fertig backen. Abkühlen lassen und aus der Form nehmen.

SAMOSAS
MIT KARTOFFELN UND ERBSEN

Diese Samosas sind recht gehaltvoll: Zwei pro Person reichen für eine Mahlzeit. Als Beilage oder Sauce dazu schmeckt ein Mangochutney (siehe Seite 28) oder eine scharfe Tomatensauce (siehe Seite 24, mit reichlich Chilli schärfen).

Zubereitungszeit 15 Minuten
zzgl. 25 Minuten Koch- und Backzeit

➡ Für 6 Samosas

1 Pckg. Blätterteig
1 Schalotte
2 EL Pflanzenöl oder Kokosfett
    zum Braten
je 1 TL Currypulver, Senfkörner
    und getrockneter Kreuzkümmel
1 Prise Chiliflocken
500 g geschälte, gekochte Kartoffeln
1 kleine Dose feine Erbsen
    (140 g Abtropfgewicht)
Salz und frisch gemahlener
    schwarzer Pfeffer

Den Backofen auf 180 °C vorheizen. Den Blätterteig dünn ausrollen, in sechs Quadrate oder Rechtecke schneiden.

Die Schalotte würfeln. In einer großen Pfanne das Pflanzenöl erhitzen und die Schalotte mit den Gewürzen scharf anbraten.

Die Kartoffeln in kleine Stücke schneiden, die Erbsen abtropfen lassen. Beides in die Pfanne geben und alles mit Salz und Pfeffer würzen. Unter Rühren 3–4 Minuten braten.

Die Mischung abkühlen lassen. Damit es rascher geht, die Mischung aus der Pfanne auf einem gekühlten Teller verteilen, bis die Kartoffeln nur noch lauwarm sind. Diese Füllung auf den Teigplatten verteilen. Diese dann entweder zu Dreiecken falten oder einfach zusammenklappen und die Ränder fest andrücken. Die Samosas auf ein mit Backpapier ausgelegtes Backblech legen und im Ofen goldbraun backen.

MANGOLDPÄCKCHEN

Diese Päckchen können auf einem kleinen Grill kurz aufgebacken werden. Sie schmecken auch kalt ganz hervorragend mit Knäckebrot oder mit würzigen Grissini. Bereiten Sie eine größere Menge auf Vorrat zu, dann können Sie die Päckchen vor dem Backen einfrieren.

Zubereitungszeit 10 Minuten
zzgl. 20 Minuten Koch- und Backzeit

➡ Für 8–10 Päckchen

300 g Spinat (TK)
10 große Mangoldblätter
1 Schalotte
3 Knoblauchzehen
1 EL Pflanzenöl
250 g würziger, cremiger Käse
   (z. B. Ziegenkäse, Blauschimmel-
   oder Pfefferkäse; vegan: Räuchertofu)
100 g Frischkäse (vegan: Sojaquark)
3 EL grob gehackte Walnüsse oder
   Sonnenblumenkerne
6–8 gehackte Basilikumblätter
frisch gemahlene Muskatnuss
Salz und frisch gemahlener
   schwarzer Pfeffer

Den Backofen auf 220 °C vorheizen. In einem Topf gesalzenes Wasser zum Kochen bringen. Den Spinat zum Auftauen in ein Sieb füllen und dieses in den Topf hängen. Währenddessen die Mangoldblätter waschen und die Stiele entfernen. Das Sieb mit dem Spinat vom Topf nehmen und den Mangold in dem kochendem Salzwasser 1–2 Minuten blanchieren. Mit einem Schaumlöffel herausheben und die Blätter auf ein sauberes Küchentuch legen.

Schalotte und Knoblauch fein hacken. In einer Pfanne das Öl erhitzen und die Schalotte und den Knoblauch darin glasig dünsten. Den gut ausgedrückten, grob gehackten Spinat dazugeben, mit reichlich Muskatnuss, Salz und Pfeffer würzen. Mit aufgesetztem Deckel 5 Minuten schmoren lassen.

Den Käse mit den Nüssen und den Basilikumblättern zu einer glatten Creme verrühren und unter den Spinat mischen.

Jeweils 2 EL der Mischung auf ein Mangoldblatt geben, die Blätter zu Päckchen falten und auf ein mit Backpapier ausgelegtes Blech legen. Etwa 8 Minuten im Ofen backen, unter dem Backofengrill geht es schneller.

REISPAPIERRÖLLCHEN
MIT GEMÜSE, GLASNUDELN UND TOFU

Die einzelnen Zutaten können am Vorabend zubereitet und bei Raumtemperatur aufbewahrt werden, die Röllchen werden morgens angefertigt.

VEGAN

Zubereitungszeit 25 Minuten

➡ Für 6 Röllchen

Röllchen
2 große Champignons
½ gelbe oder rote Paprika
½ TL Puderzucker
1 Schuss Reisessig
50 g Glasnudeln
50 g Räuchertofu, in dünne
    Scheiben geschnitten
1 Schuss Sojasauce
6 grüne Salat- oder
    Radicchioblätter
1 Handvoll Rucola oder
    scharfe Sprossen (z. B. Garten-
    kresse oder Radieschen)
½ reife Avocado
1 Schuss Limettensaft
6 Reispapierblätter (22 cm Ø)
2 TL geröstete Sesamsamen
Sesamöl zum Fetten der Form
Salz

Sauce
2 TL Limettensaft
2 TL Sambal Oelek (Chilipaste)
2 TL brauner Zucker
1 Prise Cayennepfeffer

In einem Topf etwa 500 ml gesalzenes Wasser aufkochen. Die Champignons und die Paprika putzen und in schmale Streifen schneiden. In eine Schüssel legen und mit dem Puderzucker bestäuben. Mit dem Reisessig und etwas kochendem Salzwasser beträufeln. In einer zweiten Schüssel die Glasnudeln und den Räuchertofu mit Sojasauce und dem restlichen Salzwasser übergießen. Etwa 6–7 Minuten ziehen lassen, dann abgießen. Die Salate und Sprossen putzen. Die Avocado schälen, entkernen und der Länge nach in 6 Scheiben schneiden. Mit etwas Limettensaft beträufeln.Die Reispapierblätter etwa 10 Sekunden in kaltem Wasser einweichen, dann auf einer sauberen Fläche auslegen. Jeweils ein Salatblatt darauflegen und von allen Zutaten jeweils ein Sechstel darauf verteilen. Zuletzt mit Sesam bestreuen.Vorsichtig zu Päckchen falten oder rollen. Falls das Reispapier reißt, das Päckchen mit einem zweiten Blatt noch einmal wickeln. Den Boden eines großen, flachen Vorratsbehältnisses mit Öl bepinseln und die Rollen (etwa drei Rollen) nicht zu dicht nebeneinander hineinlegen, die Röllchen ebenfalls mit Öl bepinseln. Bei Bedarf die erste Röllchenschicht mit Frischhaltefolie abdecken und mit den übrigen Röllchen genauso verfahren und die Dose schließen.

   Die Zutaten für die Sauce in ein großes, nicht zu hohes Vorratsglas geben, das Glas gut zuschrauben und gründlich schütteln. Kühl aufbewahren und als Dip zu den Röllchen reichen.

SPINAT-CALZONE

Eine ganze Calzone macht doch ganz schön satt ... Um dem Mittagstief zu entgehen, bietet sich hier mal wieder perfekt Food Sharing mit der Lieblingskollegin an!

Zubereitungszeit 15 Minuten
zzgl. 15 Minuten Backzeit

➡ Für 2 normale oder 4 Mini-Calzoni

300 g Spinatreste
   (TK, egal ob Blatt- oder Rahmspinat)
1 Zwiebel
1 EL Olivenöl zzgl.
   etwas zum Einpinseln
1 Handvoll Pilze
1 Schuss Weißwein
100 g Sahne
   (vegan: Sojasahne)
1 Pizzateig (FP)
150 g Feta (vegan: gebratener Tempeh
   oder Hefeflocken)
Muskatnuss, Salz und frisch
   gemahlener schwarzer Pfeffer

Den Spinat auftauen (sofern er noch nicht aufgetaut ist, das geht schnell in der Mikrowelle), den Blattspinat ausdrücken und etwas hacken. Den Backofen auf höchste Stufe vorheizen.

Zwiebel hacken und in Öl glasig dünsten, Pilze schneiden, die Hitze erhöhen und zu den Zwiebeln geben. Sofort salzen und scharf anbraten. Spinat hinzufügen, mit Salz, Pfeffer und Muskatnuss kräftig würzen, Wein angießen und verdampfen lassen. Die Hitze reduzieren und verschlossen etwas köcheln lassen.

Währenddessen den Teig halbieren, bzw. vierteln, Kreise ausschneiden und noch mal etwas ausrollen. Die Sahne zu Spinatmischung geben, kurz aufkochen, ggf. die Flüssigkeit etwas reduzieren lassen (es darf nicht zu flüssig sein) und vom Herd nehmen. Kurz abkühlen lassen.

Käse zerbröseln oder klein schneiden. Den Spinat auf jeweils einer Hälfte der Teigstücke verteilen, Käse drüberstreuen und den Teig so umschlagen, dass Halbkreise entstehen. Die Ränder den Rand mit einer Gabel fest zudrücken.

Calzoni auf mit Backpapier ausgelegten Backblechen platzieren und mit einer Mischung aus Olivenöl und Wasser einpinseln. Ein paar grobe Salzkörner drauf verteilen und im Ofen goldbraun backen (ca. 10–15 Minuten).

Im offenen Ofen abkühlen lassen und unter einem Geschirrhandtuch bis zu Mitnahme aufbewahren.

PIZZA
MIT GRÜNEM GEMÜSE

Diese Pizza schmeckt kalt fast noch besser als frisch gebacken. Reste können eingefroren werden.

Zubereitungszeit 15 Minuten
zzgl. 30 Minuten Koch- und Backzeit

➡ Für 1 Blech Pizza

500 g grünes Gemüse
   (Spinat, Mangold, Löwenzahn,
   junge Brennnesseln, Artischocken
   aus dem Glas etc.)
1 Dose geschälte Tomaten (400 g)
500 g Pizzateig (FP)
1 EL Kapern
2 scharfe Essigpeperoni
20 gefüllte grüne Oliven
1 Kugel Mozzarella
   (alternativ veganer Mozzarella)
Chiliöl zum Bestreichen
Salz und frisch gemahlener
   schwarzer Pfeffer

Den Backofen auf 220 °C vorheizen. Das Gemüse putzen, grob schneiden und bei niedriger Temperatur in einem Topf ohne Wasser etwas zusammenfallen lassen. Währenddessen die Tomaten in Filets schneiden und dabei die Flüssigkeit auffangen.

Ein Backblech mit einer Emulsion aus Chiliöl und etwas Wasser einpinseln und den Teig darauflegen. Diesen ebenfalls mit der Emulsion einpinseln und kräftig salzen. Gemüse, Kapern, Peperoni und die Hälfte der Oliven grob hacken, mit Salz und Pfeffer würzen, alles mischen und auf dem Teig verteilen. Die Tomatenfilets und ihre Flüssigkeit dadraufgeben. Die Pizza 15 Minuten backen, währenddessen den Mozzarella in dünne Scheiben schneiden. Die Pizza mit den restlichen Oliven und den Mozzarellascheiben belegen und in weiteren 10 Minuten fertig backen.

HERZHAFTE MUFFINS

Diese briocheartigen Muffins sind eine edle und leichte Alternative zum klassischen Pausenbrot. Ich genieße sie an sonnigen Tagen zu einem knackigen Salat oder in der kalten Jahreszeit zu warmen Gemüsegerichten und Suppen. Und sie sind wieder eine absolut fantastische Gelegenheit zum Food Sharing. Also: Die Kollegen zu einer Muffin-Sause einladen.

Zubereitungszeit 10 Minuten
zzgl. 25 Minuten Backzeit

➡ Grundteig für 12 große oder
16 kleine Muffins

300 g Mehl
2 TL Backpulver
2 TL Natron
2 TL Salz
2 Eier
250 g Ricotta
100 ml Milch
80–100 ml Pflanzenöl
Öl für die Förmchen

Den Backofen auf 175 °C vorheizen. Alle trockenen Zutaten in einer Schüssel gründlich mischen. Eier, Ricotta, Milch und Öl dazugeben und alles zu einem glatten Teig verrühren. Herzhafte Zutaten nach Wahl (Varianten 1–5) unterrühren.

Muffinförmchen mit Öl einpinseln, jede Form mit 1 gehäuften EL Teig füllen und die Muffins im Ofen in 20–25 Minuten goldgelb backen. Nach dem Abkühlen bleiben die Muffins in einem gut verschließbaren Behälter 2–3 Tage frisch.

Variante 1
100 g eingelegte Tomaten,
grob gehackt
1 Handvoll halbierte Oliven ohne Stein
1 Prise getrockneter Oregano

Variante 2
100 g Räuchertofu, fein gewürfelt
1 Handvoll gehackte Petersilie
2 Knoblauchzehen, geschält
und gehackt
Alles zusammen leicht anbraten.

Variante 3
100 g geriebener Parmesan
1 Handvoll grob gehackte Walnüsse
2–3 Salbeiblätter, fein geschnitten

Variante 4
100 g Mozzarella, grob gehackt
1 EL gehackte Rosmarinnadeln
oder Thymianblätter
1 EL feine Kapern

Variante 5
2 kleine Zucchini, gerieben
1 rote Paprika, in dünne
Streifen geschnitten
4–6 Basilikumblätter, gehackt
Salz und frisch gemahlener
schwarzer Pfeffer

FOCACCIA RIPIENA
(GEFÜLLTES FLADENBROT)

Füllen Sie die Focaccia ganz nach Belieben – die Füllung sollte jedoch nicht zu flüssig sein, damit der Teig knusprig bleibt. Schnell und einfach ist meine zweite Lieblingsfüllung mit Zucchini: Zucchini in dünne Scheiben hobeln und mit grob gehacktem Knoblauch schön anbraten. Etwas gehackte glatte Petersilie unterrühren – fertig!

Zubereitungszeit 25 Minuten und
45 Minuten Koch- und Backzeit

➡ Für 4 Portionen

Teig
500 g frischer Weißbrotteig
    vom Bäcker, alternativ Pizzateig (FP)
Olivenöl zum Bestreichen
grobes Meersalz

Füllung
600 g Mangold
40 g Margarine
1 Handvoll Mandelblättchen
1 Handvoll geriebener Parmesan
    (nach Geschmack)
Salz und frisch gemahlener
    schwarzer Pfeffer

Für den Teig den Backofen auf 220 °C vorheizen. Den Teig halbieren und auf einer sauberen Arbeitsfläche mit dem Nudelholz ausrollen. Ein Teigstück auf ein mit Backpapier ausgelegtes Blech legen.

Die Füllung auf dem Teig verteilen – eine Focaccia wird nicht so üppig wie eine Calzone gefüllt. Mit dem zweiten Teigstück bedecken und den Rand rundherum fest andrücken. Mit einer Gabel die Oberfläche einstechen, mit Öl einpinseln und mit Salz bestreuen. Im Ofen etwa 10 Minuten, oder bis die Oberfläche goldbraun wird, backen.

Für die Füllung den Mangold putzen und trocken tupfen, die Blätter von den Stielen trennen. Die weicheren Stielabschnitte in sehr dünne Streifen schneiden. In einer großen Pfanne die Margarine zerlassen und die Stiele darin andünsten. Mit Salz und Pfeffer kräftig würzen, etwas Wasser zugeben und einige Minuten mit aufgesetztem Deckel weiterdünsten.

In der Zwischenzeit die Mangoldblätter der Länge nach in Streifen schneiden, mit in die Pfanne geben, wieder kräftig würzen und etwas zusammenfallen lassen. Umrühren und – ohne Deckel – die Flüssigkeit verdampfen lassen.

In einer separaten Pfanne die Mandelblättchen ohne Fett anrösten.

Alles abkühlen lassen und die Focaccia damit füllen, nach Belieben den Parmesan zugeben.

RICOTTA-FRIKADELLEN

Zu diesen Frikadellen schmecken das selbstgemachte Mangochutney
(siehe Seite 28), Zwiebelmarmelade, aber auch ganz klassisch Senf
und Ketchup. In einer weichen Tortilla mit etwas Salat und Mayonnaise
sind die Frikadellen ein Hit. Die Frikadellen halten sich einige Tage im
Kühlschrank und können auch eingefroren werden.

Zubereitungszeit 20 Minuten
zzgl. 30 Minuten Koch- und Backzeit

➡ Für 20 Frikadellen

150 g Spinat (TK), gehackt
250 g Ricotta (möglichst Schafsricotta)
8 gehäufte EL geriebener Parmesan
1 EL geröstete Sesamsamen
　　nach Belieben
2 Eier
150 Semmelbrösel zzgl.
　　Semmelbrösel zum Wälzen
frisch gemahlene Muskatnuss
Salz und frisch gemahlener
　　schwarzer Pfeffer

Den Backofen auf 180 °C vorheizen. Den Spinat in
einem Sieb über kochendem Wasser auftauen lassen.
Gut abtropfen lassen, ausdrücken und hacken.

In einer Schüssel Ricotta, Parmesan, Sesam, die
Eier und den Spinat mit Salz, Pfeffer und Muskatnuss
würzen. Zu einem glatten Teig verrühren. Dann nach
und nach die Semmelbrösel hinzufügen, um eine
festerer Konsistenz zu bekommen.

Kleine Frikadellen formen und flach drücken. Falls sie
noch zu feucht wirken, kurz in Semmelbröseln wälzen.
Auf ein mit Backpapier ausgelegtes Blech legen und im
Ofen 15 Minuten von jeder Seite backen.

TRAMEZZINO TRICOLORE

Zubereitungszeit 10 Minuten

➡ Für 1 Tramezzino

1 eingelegte geröstete Paprika
   aus dem Glas
2 gehäufte EL Frischkäse
2 TL Sahnemeerrettich
1 Handvoll Rucola
4 Scheiben Sandwichbrot
   (Weißbrot oder Vollkornbrot)
1 Scheibe alter Gouda
Butter zum Bestreichen des Brotes

Die Paprika fein hacken und mit der Hälfte des Frischkäses verrühren. Den Meerrettich mit der anderen Hälfte des Frischkäses verrühren. Den Rucola waschen und trocken schütteln. Von den Brotscheiben rundherum die Rinde abschneiden.

Eine Brotscheibe mit zwei Dritteln der Paprikamischung bestreichen und ein Drittel der Rucolablätter darauf verteilen. Den Rest des Paprikakäses auf eine zweite Brotscheibe streichen und mit der bestrichenen Seite nach unten auf die Rucolablätter legen. Die Oberseite des Brotes mit etwas Butter bestreichen und die Goudascheibe darauflegen. Darauf wieder ein Drittel des Rucolas verteilen. Die dritte Brotscheibe mit etwas Butter bestreichen und mit der Butterseite auf die Rucolablätter legen. Den Meerrettichfrischkäse zu zwei Dritteln auf der Brotscheibe verstreichen und den übrigen Rucola darauf verteilen. Die restliche Käsecreme auf eine vierte Brotscheibe streichen und mit dieser den Tramezzino abschließen. In Frischhaltefolie wickeln und möglichst bis zur Mittagspause kalt stellen.

Der leicht bittere Rucola kann durch jeden beliebigen Blattsalat ersetzt werden. Dazu Datteltomaten reichen.

DOPPELDECKER-TRAMEZZINO

Die Avocadocreme kann am Vorabend zubereitet werden. Vier Doppeldecker-Tramezzini sind für einen alleine ganz schön üppig. Entweder ich stelle einen Teil der Avocadocreme kalt und bereite nur die Hälfte der Tramezzini zu, oder ich teile mit einem meiner Kollegen. Letzteres entspricht meinem Verständinis von Food Sharing, ist deutlich kommunikativer – und der Kollege freut sich!

Zubereitungszeit 20 Minuten

➡ Für 4 Tramezzini

Avocadocreme
1 reife Avocado
1 mittelgroße Tomate, entkernt
   und gehackt
1 Stück Salatgurke (5 cm lang),
   geschält, entkernt und gehackt
2 TL Zitronensaft
3 TL helle Sojasauce
1 ½–2 TL scharfer Senf oder
   Wasabipaste
1 Msp. Puderzucker
Salz und frisch gemahlener
   schwarzer Pfeffer

Tramezzini
12 große Toast- oder Tramezzini-
   brotscheiben (Weiß- oder
   Vollkornbrot)
4 TL geröstete Sesamsamen
4 Handvoll Brunnenkresse
   oder scharfe Sprossen
8 dünne Scheiben Räuchertofu

Die Avocado halbieren und den Kern entfernen. Das Fruchtfleisch der Avocado aus der Schale löffeln, in eine Schüssel geben und gründlich zerdrücken. Die gehackte Tomate und Gurke dazugeben. Zitronensaft, Sojasauce, Senf und Puderzucker cremig rühren und zu der Avocadomischung geben. Mit Salz und Pfeffer abschmecken. Die Creme in einer Vorratsdose mit dem Kern der Avocado aufbewahren, so wird die Creme nicht dunkel.

Von den Brotscheiben die Rinden abschneiden. Eine Brotscheibe reichlich mit Avocadocreme bestreichen und mit Sesamsamen bestreuen. Großzügig Sprossen darauf verteilen und eine zweite Brotscheibe auf die Sprossen legen, leicht andrücken. Darauf zunächst die Räuchertofu-Scheiben, dann wieder Creme und Sprossen verteilen. Mit einer weiteren Brotscheibe abschließen. Nicht zu fest in Frischhaltefolie einwickeln und kühl lagern.

NO. 1

NO. 5

NO. 2

Salute!

NO. 4

NO. 3

alute!

LE CIABATTE DI ANTONELLA

Der Spitzname meiner italienischen Freundin in Hamburg, Antonella Pasini, lautet „Anto Panini" und verrät bereits ihre große Leidenschaft. „Ciabatta" heißt übrigens eigentlich „Pantoffel".

VEGAN

CIABATTA NO. 1

Zubereitungszeit 10 Minuten

➡ Für 1 Ciabatta

1 Handvoll Rucola
4–5 Kirschtomaten
1 EL extra natives Olivenöl zzgl.
    etwas zum Bestreichen
1 Stück Ciabattabrot (15 cm), halbiert
1 Handvoll geraspelter Parmesan
    (vegan: veganer Mozzarella)
1 Spritzer Balsamico
Salz und frisch gemahlener
    schwarzer Pfeffer

Den Rucola waschen, trocken schütteln und zerzupfen. Die Tomaten halbieren oder vierteln und mit dem Rucola vermischen. Mit Olivenöl und Pfeffer anmachen. Beide Brothälften mit Olivenöl bepinseln, mit Salz und Pfeffer würzen.

Die Rucola-Tomaten-Mischung auf einer Brothälfte verteilen und mit Parmesan bestreuen. Mit Balsamico beträufeln und mit der zweiten Brothälfte belegen. Nicht zu fest erst in eine Serviette, dann in Frischhaltefolie einwickeln.

CIABATTA NO. 2

Zubereitungszeit 10 Minuten

➡ Für 1 Ciabatta

1 Handvoll Feldsalat
3–4 in Öl eingelegte Tomaten
3–4 schwarze Oliven
4 EL cremiger Schafskäse
    (alternativ Kräutertofu)
2 EL frische Kräuter, gehackt
    (z. B. Petersilie, Basilikum, Minze,
    Majoran, Dill)
1 Msp. Sambal Oelek (Chilipaste),
    nach Belieben
1 Stück Ciabattabrot (15 cm), halbiert
1 EL Pinienkerne

Den Feldsalat putzen und die Tomaten abtropfen lassen, eventuell überschüssiges Öl abtupfen. Tomaten und Oliven hacken, beides mit dem Feldsalat mischen.

Schafskäse und Kräuter verrühren. Wer es schärfer mag, rührt zusätzlich Sambal Oelek unter. Die Creme auf beide Brothälften streichen und eine Hälfte mit Pinienkerne bestreuen. Die Salatmischung darauf verteilen und die zweite Brothälfte aufsetzen, nicht zu fest erst in eine Serviette, dann in Frischhaltefolie einwickeln.

CIABATTA NO. 3

Zubereitungszeit 20 Minuten

➡ Für 1 Ciabatta

2 EL gemischte Kerne oder Samen
    (Kürbis- oder Sonnenblumenkerne,
    Sesamsamen)
1 EL Mandelblätter oder
    gehackte Walnüsse
2 EL Olivenöl zzgl. etwas zum Rösten
1 Tasse geriebene Rohkost (Rote Bete,
    Kohlrabi, Karotte, auch Apfel)
1 TL Zitronensaft
1 Spritzer Agavendicksaft
1 EL Rosinen oder Cranberrys,
    eingeweicht
1 Stück Ciabattabrot (15 cm), halbiert
Salz und frisch gemahlener
    schwarzer Pfeffer

Kerne und Nüsse in einer Pfanne mit einem Hauch Olivenöl, Salz und Pfeffer anrösten.

Rohkost mit Olivenöl, Zitronensaft, Agavendicksaft, Rosinen, Salz und Pfeffer vermengen, 5–10 Minuten ziehen lassen. In einem Sieb gut abtropfen lassen, dann das Brot mit der Mischung belegen. Die Samen darüberstreuen und das Brot nicht zu fest erst in eine Serviette, dann in Frischhaltefolie einwickeln.

CIABATTA NO. 4

VEGAN

Zubereitungszeit 20 Minuten

➡ Für 1 Ciabatta

Antipasti-Gemüse (z. B. Zucchini,
   Champignons, Aubergine),
   geputzt und geschält
3–4 EL Olivenöl
1 Knoblauchzehe,
   geschält und zerdrückt
1 Rosmarinzweig
1 Handvoll gehackte Petersilie
1 Stück Ciabattabrot (15 cm), halbiert
1 großes Salatblatt
Salz und frisch gemahlener
   schwarzer Pfeffer

Von der Zucchini und/
oder der Aubergine mit
einem Sparschäler oder
Hobel der Länge nach
dünne Streifen schnei-
den. Die Pilze ebenfalls
in hauchdünne Scheiben
schneiden.

In einer großen Pfan-
ne das Olivenöl erhitzen.
Knoblauchzehe und Ros-
marin darin anbraten, bis
sich deren Aromen ent-
faltet haben und sie duf-
ten, dann herausnehmen
und wegwerfen.

Die Gemüse kurz im
aromatisierten Öl anbra-
ten und herausnehmen.
Zuletzt die Pilze zugeben
und die Temperatur erhö-
hen, sie sollen angeröstet
werden und ihre Feuch-
tigkeit soll verdampfen.
Gemüse und Pilze mit
Salz und Pfeffer würzen.
Abkühlen lassen und mit
der Petersilie vermengen.

Die Hälfte des Gemüses
auf einer Ciabattahälfte
verteilen. Ein Salatblatt
auflegen und die zweite
Gemüsehälfte daraufge-
ben, die zweite Brothälfte
auflegen und das Ciabatta
nicht zu fest erst in eine
Serviette, dann in Frischhaltefolie einwickeln.

CIABATTA NO. 5

Zubereitungszeit 10 Minuten

➡ Für 1 Ciabatta

5–6 Cipolle borrettane (süß-
   aromatische, in Öl und Gewürze
   eingelegte Perlzwiebeln aus
   dem Glas)
1 Stück Ciabattabrot (15 cm), halbiert
4–6 Salatblätter nach Belieben,
   in Streifen geschnitten
½ Chicorée, in Streifen geschnitten
würziger Bergkäse nach Belieben,
   gehobelt (vegan: Räuchertofu)
Salz und frisch gemahlener
   schwarzer Pfeffer

Die Zwiebeln klein schneiden und auf einer Brot-
hälfte verteilen.

Die Salat- und Chico-
réestreifen darauflegen
und mit Salz und Pfeffer
würzen. Mit dem Berg-
käse bestreuen und die
obere Brothälfte auflegen.

Das Brot nicht zu fest,
erst in eine Serviette,
dann in Frsichhaltefolie
einwickeln.

TOMATENBROT

Das Brot soll frisch belegt werden, also alle Zutaten separat mitnehmen.

Zubereitungszeit 5 Minuten

➡ Für 1 Portion

1 Stück Ciabattabrot oder Baguette
    (etwa 20 cm lang)
1 große, möglichst nicht zu
    reife Fleischtomate
1 Prise getrockneter Oregano
bestes extra natives Olivenöl
    zum Beträufeln
Meersalz zum Bestreuen

Das Brot der Länge nach aufschneiden. Olivenöl auf beide Hälften träufeln und das Brot mit Salz bestreuen. Die Tomate in nicht zu dünne Scheiben schneiden und beide Brothälften damit überlappend belegen. Mit Oregano und Salz bestreuen und mit mehr Olivenöl beträufeln.

VEGAN

FILONCINOBROT
MIT ERBSENPESTO UND GERÖSTETEM TEMPEH

➡ **FOTO**

Zubereitungszeit 5 Minuten

➡ Für 1 Portion

1 Filoncinobrot oder Baguette
    (etwa 15 cm lang)
2 EL Erbsenpesto (siehe Seite 34)
4–5 Scheiben gerösteter Tempeh
    (siehe Seite 30)
1 Handvoll grob gehackte Petersilie

Das Brot der Länge nach durchschneiden. Beide Hälften mit Erbsenpesto bestreichen und mit Tempeh-Scheiben belegen. Mit Petersilie bestreuen und die andere Brothälfte aufsetzen.

SEITAN-STEAK-SANDWICH

Zubereitungszeit 10 Minuten
zzgl. 5 Minuten Kochzeit

➡ Für 1 Sandwich

1 Seitan-Steak (1 cm dick und
   in Brötchengröße)
1 EL Olivenöl
1 Prise Pizzagewürz
1 TL Barbecue-Sauce (siehe Seite 26)
1 große Gewürzgurke
2 Romanasalatblätter
1 kleines Baguette oder Brötchen
   mit knuspriger Kruste
1 TL Mayonnaise (vegan: Tofunaise,
   siehe Seite 25)
1–2 große Fleischtomatenscheiben,
   entkernt
Brunnenkresse zum Bestreuen

Das Steak in einer Pfanne im heißen Öl auf beiden Seiten knusprig braten und mit Pizzagewürz bestreuen. Auf einen Teller legen, mit der Barbecue-Sauce einpinseln und beiseitestellen.

Die Gurke längs in dünne Scheiben schneiden. Die Salatblätter waschen und trocken tupfen.

Das Baguette aufschneiden und beide Hälften mit wenig Mayonnaise bestreichen. Eine Brothälfte mit einem Salatblatt und Tomatenscheibe(n) belegen. Das Seitan-Steak auflegen und mit Brunnenkresse bestreuen. Die Gurkenscheiben und das zweite Salatblatt darauflegen, so wird das Brot vor dem Aufweichen geschützt.

ZUCCHINI-GORGONZOLA-WRAPS

Sie wissen schon, was ich mache, wenn das Rezept eigentlich für mehr als eine Portion ausgelegt ist? Genau: Food Sharing mit den lieben Kollegen.

Zubereitungszeit 15 Minuten
zzgl. 15 Minuten Kochzeit

➡ **Für 4 Portionen**

400 g Zucchini, grob gerieben
4 große Radicchioblätter
2 in Öl eingelegte Artischockenherzen
　　aus dem Glas
4 EL passierte Tomaten aus dem Glas
2 EL grob gehackte schwarze Oliven
200 g Gorgonzola
　　(vegan: eingelegter Kräutertofu)
4 Wraps (FP)
1 TL Sambal Oelek (Chilipaste)
　　nach Belieben
Sonnenblumenöl zum Anbraten
Salz und frisch gemahlener
　　schwarzer Pfeffer

In einer großen Pfanne die Zucchini in etwas Öl bei hoher Temperatur anbraten. Sofort salzen, damit die Flüssigkeit schnell verdampft. Inzwischen die Radicchioblätter waschen und trocken schütteln. Die Artischockenherzen abtropfen lassen und in Spalten schneiden. Nach etwa 5 Minuten die passierten Tomaten unter die Zucchini rühren. Weitere 5 Minuten kochen lassen und mit Pfeffer abschmecken. Vorsichtig salzen, die Oliven und die Artischocken sind bereits recht würzig. Die Artischockenspalten und die Oliven untermischen. Das Ganze auf einem großen Teller zum Abkühlen verteilen. Den Gorgonzola klein schneiden und untermischen. Die Wraps beidseitig in einer trockenen Pfanne anrösten und kurz abkühlen lassen. Ein Radicchioblatt auflegen und etwas von der Füllung daraufgeben. Wer es scharf mag, gibt einige Tropfen Sambal Oelek darüber. Die Wraps fest aufrollen und sofort in Alufolie wickeln. So zubereitet lässt sich der Wrap bis zu 2 Tage kühl aufbewahren. Die Füllung der Wraps kann ohne den Radicchio außerdem eingefroren werden. Dazu schmeckt ein grüner Salat mit Zitronendressing.

Gemüse-Reis

Pasta,

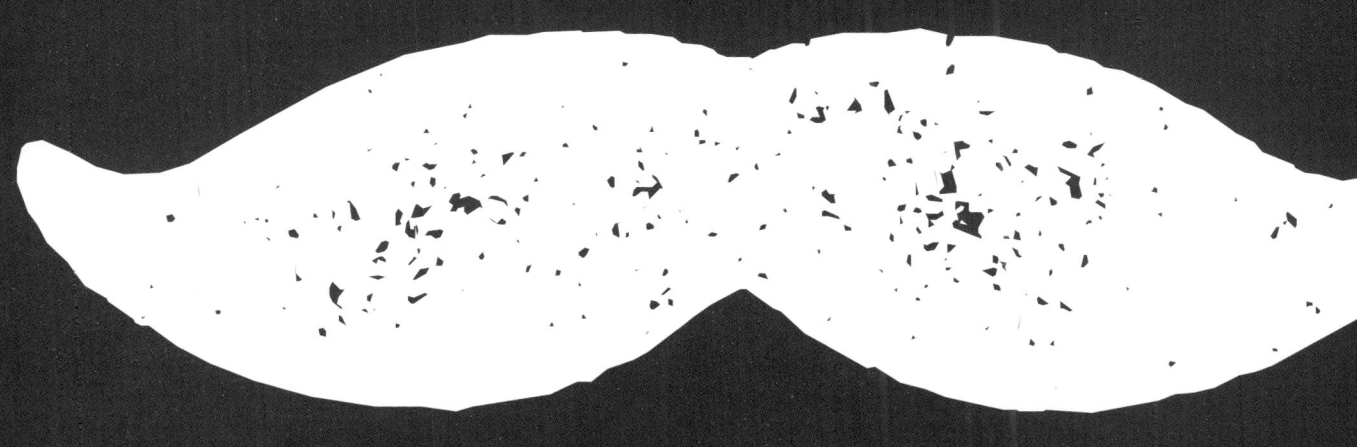

ZIMT-RATATOUILLE

Warm oder kalt ein wunderbarer Belag für ein frisches Baguette, eine Pastasauce, eine Beilage zu gebackenen Tofu-Scheiben oder Sellerie-Steaks – der Sommer auf dem Teller.

Zubereitungszeit 15 Minuten
zzgl. 30 Minuten Kochzeit

➡ Für 3–4 Portionen

1 kleine Zwiebel
1 mittelgroße Zucchini
1 mittelgroße Aubergine
1 gelbe oder rote Paprika
1 Msp. Zimt
1 Prise Zucker
1 Schuss Weißwein
   (alternativ Wasser)
200 ml passierte Tomaten
   aus dem Glas
Salz und frisch gemahlener
   schwarzer Pfeffer
Olivenöl zum Anbraten

Zwiebel und Gemüse putzen und in möglichst gleich große Würfel schneiden, aber getrennt beiseitestellen. In einer großen Pfanne das Olivenöl erhitzen und bei hoher Temperatur die Zwiebel darin glasig werden lassen. Die Zucchiniwürfel dazugeben und sofort salzen, damit sie rasch ihre Feuchtigkeit verlieren. Scharf anbraten und dabei immer wieder die Pfanne schwenken. Die Auberginenwürfel unterrühren, wieder salzen und kräftig pfeffern. Bei gleichbleibend hoher Temperatur immer wieder mit einem Holzlöffel umrühren, so werden die Würfel gleichmäßig kross. Nach einigen Minuten die Paprikawürfeln hinzufügen, wieder salzen und pfeffern. Weiter unter Rühren scharf braten.

Zimt und Zucker über das Gemüse streuen, dann mit Wein ablöschen und diesen verdampfen lassen. Die Tomaten zugeben und alles unter Rühren aufkochen. Die Temperatur reduzieren, einen Deckel aufsetzen und das Ratatouille weitere 15 Minuten köcheln lassen. Bei Bedarf einen Schuss Wasser dazugeben, damit das Ganze nicht anbrennt.

VEGAN

COUSCOUS-PFANNE

Dieser Couscous verlangt nach einer würzigen Sauce wie der orientalischen Sauce oder dem fruchtig-frischen Mangochutney. Der Couscous hält gut gekühlt 2–3 Tage.

VEGAN

Zubereitungszeit 20 Minuten
zzgl. 30 Minuten Kochzeit und
Zeit zum Durchziehen und Abkühlen

➡ Für 4 Portionen

Gemüsepfanne
1 mittelgroße Zucchini
1 rote Paprika
1 Gemüsezwiebel
200 g frische Champignons
2 EL Pflanzenöl
2 Nelken
2 Tütchen Safranpulver
200 g Erbsen aus der Dose
frisch gemahlene Muskatnuss
Salz und frisch gemahlener
   schwarzer Pfeffer

Couscous
1 Tasse Instant-Couscous
1 Prise Salz
1 Schuss Olivenöl

Sauce
orientalische Sauce
   (siehe Seite 25)

Mangochutney
   (siehe Seite 28)

Für die Gemüsepfanne Zucchini, Paprika und Zwiebel putzen und klein würfeln. Die Champignons in Scheiben schneiden.

In einer großen Pfanne das Öl erhitzen und darin die Nelken anrösten, bis sie fein duften, dann die Champignons zugeben. Salzen und bei hoher Temperatur anbraten, damit sie rasch ihre Flüssigkeit verlieren. Das Gemüse bis auf die Erbsen dazugeben und die Nelken entfernen. Den Safran darüber verteilen, mit Muskatnuss, Salz und Pfeffer würzen. Alles gut mischen und mit etwas Wasser ablöschen. Einen Deckel auf die Pfanne setzen und alles etwa 10 Minuten bei reduzierter Temperatur köcheln lassen. Dann die Erbsen dazugeben, nochmals abschmecken und das Ganze weitere 5 Minuten ziehen lassen, dann die Pfanne vom Herd nehmen. Abkühlen lassen.

Den Instant-Couscous mit Salz und Öl in einer Vorratsdose vermischen, gut verschließen und separat mit auf die Arbeit nehmen. Vor Ort den Couscous mit 1 Tasse heißem Wasser übergießen und zugedeckt 5 Minuten ziehen lassen. Dann mit dem Gemüse vermengen. Eine der Saucen dazugeben und noch einmal mischen.

ITALIENISCHE KICHERERBSEN

Zu diesen aromatischen Kichererbsen passen frisches Weißbrot, kurze Röhrennudeln wie Ditalini oder Kartoffelspätzle.

Zubereitungszeit 10 Minuten
zzgl. 25 Minuten Kochzeit

➡ **Für 3 große Portionen**

1 kleine Zwiebel
2 EL Olivenöl
1 getrocknete Chilischote
1 Dose Kichererbsen
  (240 g Abtropfgewicht)
5–6 EL stückige Tomaten aus der Dose
1 Rosmarinzweig
1 Thymianzweig
1 Lorbeerblatt
300 ml hefefreie Gemüsebrühe
1 Spritzer Zitronensaft
4–6 frische Basilikumblätter
Salz und frisch gemahlener
  schwarzer Pfeffer

Die Zwiebel fein würfeln. In einer Pfanne das Olivenöl erhitzen und die Zwiebel darin glasig dünsten. Die Chilischote hacken und zugeben.

Die Kichererbsen in einem Sieb unter fließendem Wasser abspülen, gut abtropfen lassen und in die Pfanne geben. Mit Salz und Pfeffer würzen, 5 Minuten bei hoher Temperatur kochen.

Die Tomaten ebenfalls in die Pfanne geben und die Mischung nochmals aufkochen, dann die Temperatur reduzieren.

Die Kräuterzweige und das Lorbeerblatt dazugeben, die Hälfte der Brühe angießen. Einen Deckel auf die Pfanne setzen und alles bei niedriger Temperatur 10 Minuten köcheln lassen. Nach Belieben nachwürzen und noch etwas Brühe zugießen. Ohne Deckel weiterköcheln lassen, bis die Flüssigkeit fast komplett verdampft und eine sämige Konsistenz entstanden ist. Die Kräuterzweige entfernen, einen Spritzer Zitronensaft darüberträufeln, die Basilikumblätter etwas zerrupfen und darüberstreuen.

VEGAN

SCAMORZA E FAGIOLI
(KÄSE MIT BOHNEN)

Zubereitungszeit 10 Minuten
zzgl. 20 Minuten Kochzeit

➡ Für 1 große Portion

3 Knoblauchzehen
6 EL Olivenöl
4–5 Salbeiblätter
1 Dose stückige Tomaten (400 g)
1 EL Tomatenmark
1 Dose Cannellini-Bohnen
   (240 g Abtropfgewicht)
150–200 g Scamorza (alternativ
   leicht salziger Räuchertofu)
Salz und frisch gemahlener
   schwarzer Pfeffer

Die Knoblauchzehen zerdrücken. In einer Pfanne 3 EL Olivenöl erhitzen. Knoblauch und Salbeiblätter darin kross anbraten. Tomaten und Tomatenmark dazugeben, alles mit Salz und Pfeffer würzen. Aufkochen und 3–4 Minuten köcheln lassen, dann den Knoblauch und den Salbei entfernen.

Die Cannellini-Bohnen abspülen und gut abtropfen lassen. Mit in die Pfanne geben und umrühren. Von der Bohnenmischung 1 EL abnehmen und in einer kleinen Schüssel leicht zerdrücken, dann wieder in die Pfanne geben. Nochmals abschmecken und weitere 5 Minuten köcheln.

Käse oder Räuchertofu in etwa 5 mm dicke Scheiben schneiden. Zum Verzehr den Käse oder Tofu auf einen Teller legen und die Bohnen – möglichst warm – darauf verteilen.

Bei Scamorza handelt es sich um eine italienische Käsesorte mit einer würzigen Salznote und angenehm weicher Konsistenz. Weiße Cannellini-Bohnen passen perfekt dazu.

NOTFALL-GEMÜSEPFANNE AUS RESTEN

Dieses frische Gericht dient nicht nur als Beilage zu Kartoffeln, Brot oder Reis, sondern auch als Pastasauce. Am besten schmeckt die Sauce zu kurzen Pasta mit Rillen, die die Sauce gut aufnehmen.

Zubereitungszeit 10 Minuten
zzgl. 20 Minuten Kochzeit

➡ Für 2 Portionen

Gemüsereste
  (z. B.: ½ Zucchini, ½ Paprika,
  3–4 Champignons, 2–3 Blumenkohl-
  oder Brokkoliröschen)
1 Selleriestange
1 Schalotte
2 Knoblauchzehen
1 kleine Chilischote
2 EL gehackte Petersilie (TK)
1 Schuss Zitronensaft
Olivenöl zum Braten
Salz und frisch gemahlener
  schwarzer Pfeffer

Das Gemüse putzen und in etwa 5 mm dicke Scheiben bzw. Streifen schneiden. Schalotte und Knoblauch schälen und hacken und Chilischote hacken.

In einer großen Pfanne das Olivenöl erhitzen. Schalotte, Knoblauch, Chili und Petersilie darin 1 Minute scharf anbraten. Dann das Gemüse dazugeben und alles mit Salz und Pfeffer würzen. Unter Rühren bei hoher Temperatur 5–7 Minuten kross anbraten. Wird es zu trocken, einen kleinen Schuss Wasser dazugeben. Bei aufgesetztem Deckel und reduzierter Temperatur 5 Minuten köcheln lassen. Den Deckel abnehmen und bei wieder erhöhter Temperatur Restflüssigkeit verdampfen lassen. Mit Zitronensaft geschmacklich abrunden und zum Schluss noch einmal kurz aufkochen.

VEGAN

ASIA-NUDELN MIT GEMÜSE

VEGAN

Zubereitungszeit 15 Minuten
zzgl. 15 Minuten Kochzeit

➡ Für 1 Portion

1 cm frischer Ingwer
1 Chilischote
½ rote Paprika
1 Frühlingszwiebel
4–5 Champignons
1 kleine Karotte
   (alternativ einige Brokkoliröschen)
1 Handvoll Sojasprossen
1 EL Cashew- oder Erdnüsse
2 EL Sojasauce
2 EL Apfelessig
1 Paket Woknudeln
   (ohne Kochen)
Sesamöl zum Braten
Salz

Den Ingwer schälen und in feine Streifen schneiden. Die Chilischote entkernen und ebenfalls fein schneiden. Das Gemüse putzen und in lange dünne Streifen oder dünne Scheiben schneiden.

Die Sojasprossen 1 Minute in kochendes Wasser legen, herausheben und abtropfen lassen. In einer großen Pfanne oder einem Wok Ingwer, Chili und Nüsse 1 Minute im Öl anbraten, das Gemüse, nicht jedoch die Sprossen, dazugeben. Unter Rühren bei hoher Temperatur 2–3 Minuten scharf braten. Dann erst die Sojasprossen zum Gemüse geben.

Sojasauce und Apfelessig angießen, dann bei hoher Temperatur rasch verdampfen lassen.

Ist die Mischung zu trocken, etwas Wasser dazugeben. Mit Salz abschmecken und in eine Bento-Box füllen.

Die Nudeln in einer Schüssel mit kochendem Wasser übergießen und 3 Minuten ziehen lassen. Abgießen und unter das Gemüse mischen.

SOBA-NUDELN MIT GEMÜSE UND INGWER

VEGAN

Zubereitungszeit 15 Minuten
zzgl. 10 Minuten Kochzeit

➡ Für 1 Portion

Nudeln
1 kleine Karotte
1 Frühlingszwiebel
1 Stück weißer Rettich (3 cm)
100 g Soba-Nudeln
   (japanische Buchweizennudeln)
2 dünne Ingwerscheiben
1 TL geröstete Sesamsamen
1 EL Sesamöl
½ geröstetes Nori-Blatt

Sud
1 EL Sesamöl
½ TL Puderzucker
1 ½ EL Mirin (Reiswein)
1 TL Sojasauce

In einem großen Topf leicht gesalzenes Wasser zum Kochen bringen. Währenddessen das Gemüse putzen und wie auch den Ingwer in dünne Stifte schneiden. Die Nudeln in kochendem Wasser nach Packungsanleitung al dente kochen. Das Gemüse und den Ingwer in ein Sieb geben und für etwa 30 Sekunden in das Nudelwasser tauchen, dann unter kaltem Wasser abschrecken. Die Nudeln durch ein weiteres Sieb abgießen und ebenfalls abschrecken.

Die Zutaten für den Sud in ein Schraubglas füllen und gut schütteln.

Die kalten Nudeln und das Gemüse in eine Bento-Box oder Vorratsdose füllen, Sesamsamen darüberstreuen und mit etwas Sesamöl beträufeln.

Das Nori-Blatt in schmale Streifen schneiden und separat mitnehmen.

Zum Verzehr den Sud unter die Nudeln mischen und die Nori-Streifen darüberstreuen.

PENNE GÄRTNERINNEN ART

➡ FOTO

Zubereitungszeit 10 Minuten
zzgl. 15 Minuten Kochzeit

➡ Für 1 Portion

1 kleine Zucchini
1 Handvoll Prinzessbohnen (TK)
2 Fleischtomaten
100 g Penne
1–2 EL Olivenöl
1 Knoblauchzehe, geschät und gehackt
4–6 frische Basilikumblätter
1 Kugel Mozzarella (125 g)
1 Spritzer Zitronensaft
Salz und frisch gemahlener
    schwarzer Pfeffer

Zucchini und Prinzessbohnen in 2 cm lange Stifte bzw. Abschnitte schneiden. Die Tomaten waschen und würfeln. In einem Sieb abtropfen lassen.

Die Nudeln nach Packungsanleitung kochen. Etwa 6 Minuten vor Ende der Garzeit die Böhnchen zugeben, 1 Minute später die Zucchini. Penne und Gemüse al dente garen, abgießen und warm halten,

In einer Pfanne das Olivenöl erhitzen. Zunächst den Knoblauch, dann die Tomatenwürfel darin anbraten und mit Salz und Pfeffer würzen, 3–5 Minuten schmoren lassen. Die Penne-Gemüse-Mischung zu den Tomaten geben, alles gut mischen und nochmals kurz aufkochen.

Den Mozzarella klein würfeln und das Basilikum grob zerteilen. Zum Verzehr Mozzarella und Basilikum unter die Nudeln mischen und alles mit Zitronensaft abschmecken.

➡ **TIPP:** Die Penne-Gemüse-Mischung nehmen Sie in einer Bento-Box mit. Basilikum und Mozzarella werden separat verpackt und erst kurz vor dem Verzehr untergemischt. ◀

PENNETTE IN ZITRONENSAUCE

VEGAN

Zubereitungszeit 15 Minuten
zzgl. 15 Minuten Kochzeit

➡ Für 1 Portion

100 g Pennette
5–6 Basilikumblätter
abgeriebene Schale und Saft
    von ½ unbehandelten Zitrone
4 EL Olivenöl
1 kleine Zucchini
1 kleine Karotte
1 Staudensellerieherz
1 EL Chiliöl
Salz und frisch gemahlener
    schwarzer Pfeffer

Die Nudeln in leicht gesalzenem Wasser al dente kochen. Die Basilikumblätter etwas zerrupfen und mit der Zitronenschale, dem Zitronensaft und dem Olivenöl in ein Schraubglas geben. Mit Salz und Pfeffer würzen, das Glas zuschrauben und kräftig schütteln, bis eine cremige Emulsion entsteht.

Das Gemüse putzen und in feine Streifen schneiden oder hobeln.

Die Nudeln abgießen und zunächst mit dem Chiliöl vermengen, dann das Gemüse unterheben und zum Schluss die Zitronensauce dazugeben. Gut mischen und nach Belieben abschmecken.

SOMMERLICHE FUSILLI

VEGAN

➡ FOTO

Zubereitungszeit 15 Minuten
zzgl. 15 Minuten Kochzeit

➡ Für 1 Portion

100 g Fusilli
1 Handvoll Kirschtomaten
1 Stück Landgurke (10 cm)
½ rote oder gelbe Paprika
1 Frühlingszwiebel
4–6 Radicchioblätter
1 Handvoll Rucola
4–6 Basilikumblätter
½ EL Worcestersauce
    (alternativ: ½ EL Tomatenmark
    mit 1 Prise Zucker)
2 EL Weißweinessig
2 EL Olivenöl
Salz und frisch gemahlener
    schwarzer Pfeffer

Die Fusilli in leicht gesalzenem Wasser al dente kochen. Die Kirschtomaten halbieren, in ein Sieb geben und ein wenig salzen, damit sie etwas Flüssigkeit verlieren.

Gurke, Paprika und Frühlingszwiebel putzen und in schmale Segmente schneiden. Den Radicchio waschen, trocken schütteln und in schmale Streifen schneiden.

Worcestersauce, Essig, Olivenöl, Salz und Pfeffer gut verrühren.

Rucola und Basilikum waschen, trocken schütteln und separat einpacken.

Kurz vor dem Abgießen der Nudeln Gurke, Paprika, Zwiebel und Radicchio mit ins kochende Wasser geben und sofort alles abgießen.

Die Tomaten zu den Nudeln geben, die Sauce unterrühren und abschmecken.

Vor dem Verzehr Basilikum und Rucola grob zerteilen und über die Nudeln streuen.

SPAGHETTONI
MIT KIRSCHTOMATEN, RUCOLA UND BALSAMICO

Zubereitungszeit 10 Minuten
zzgl. 15 Minuten Kochzeit

➡ Für 1 Portion

100 g Spaghettoni
1 Schalotte
1 EL Olivenöl
1 Handvoll Kirschtomaten
3 EL cremiger Balsamico
1 Handvoll Rucola
1 EL Olivenöl
gehobelter Parmesan zum Bestreuen
    (vegan: Hefeflocken)
Salz und frisch gemahlener
    schwarzer Pfeffer

Die Spaghettoni in leicht gesalzenem Wasser al dente kochen. Die Schalotte fein hacken. In einer Pfanne das Olivenöl erhitzen und die Schalotte darin glasig dünsten. Die Tomaten dazugeben und 3–4 Minuten bei erhöhter Temperatur schmoren. Mit Salz und Pfeffer würzen, mit dem Balsamico beträufeln. Die Flüssigkeit etwa 1 Minute reduzieren, dann die Pfanne vom Herd nehmen und einen Deckel aufsetzen.

Die Spaghettoni abgießen und sofort zu den Tomaten geben. Gut mischen, den Rucola grob zerrupfen und unterheben. In eine Bento-Box füllen und den Parmesan separat mitnehmen.

TAGLIATELLE MIT KÜRBISRAGOUT

Zubereitungszeit 15 Minuten
zzgl. 20 Minuten Kochzeit

➡ Für 1 Portion

150 g Kürbisfruchtfleisch
1 kleine Schalotte
1 EL Butter (vegan: vegane Margarine)
1 EL gehackte Petersilie (TK)
1 Prise frisch geriebene Muskatnuss
100 g breite Bandnudeln
1 kleiner Chicorée
2 EL frisch geriebener Parmesan
    (vegan: 1 EL gehackte
    Cashewkerne)
Salz und frisch gemahlener
    schwarzer Pfeffer

Das Kürbisfruchtfleisch klein würfeln, die Schalotte fein hacken. In einer Pfanne die Butter zerlassen. Die Schalotte darin glasig dünsten. Kürbis und Petersilie dazugeben. Mit Muskatnuss, Salz und Pfeffer würzen, dann etwas Wasser dazugießen. Bei niedriger Temperatur zugedeckt etwa 10 Minuten garen lassen oder bis der Kürbis schön weich ist. Beiseitestellen.

Die Nudeln in leicht gesalzenem Wasser al dente kochen. Den Chicorée quer in dünne Scheiben schneiden.

Die Nudeln zum Kürbisragout geben, kurz mischen und in eine Bento-Box füllen.

Chicorée und Parmesan erst jetzt zu den heißen Nudeln geben.

SUSHI IN DER SCHALE

Zubereitungszeit 15 Minuten
zzgl. 20 Minuten Koch- und Abkühlzeit

VEGAN

➡ Für 1 Schale

100 g Sushi- oder Jasminreis
Schalenstreifen und Saft von
   ½ unbehandelten Zitrone
1 kleine Karotte
100 g Räuchertofu
2 Shiitake-Pilze
   (alternativ Champignons)
1 EL Pflanzenöl
½ TL Zucker
1 Schuss Reisessig (alternativ Sake)
1 Stück Landgurke (10 cm)
½ Avocado
½ geröstetes Nori-Algenblatt
1 TL geröstete Sesamsamen
2 EL helle Sojasauce
½ TL Wasabipaste
3–4 Scheibchen eingelegter Ingwer
Salz

Den Reis gründlich waschen. In 200 ml Salzwasser mit einem Stück Zitronenschale aufkochen und dann bei niedriger Temperatur etwa 10 Minuten quellen lassen. Währenddessen die Karotte putzen und diese wie auch den Räuchertofu fein würfeln. Die Pilze in dünne Scheiben schneiden. In einer Pfanne das Pflanzenöl erhitzen. Karotten, Tofu und Pilze darin scharf anbraten. Zucker und eine Prise Salz darüberstreuen und mit Reisessig ablöschen. Die Flüssigkeit verdampfen lassen, den Herd ausstellen und die Zutaten abkühlen lassen.

Gurke und Avocado schälen und fein würfeln. Das Nori-Blatt mit einer Schere in dünne Streifen schneiden.

Den fertig gegarten Reis auf einer großen Platte verteilen und die Zitronenhälfte darüber ausdrücken. Den Saft rasch untermischen und den Reis abkühlen lassen. Die Sojasauce und die Wasabipaste in ein Schraubglas geben und kräftig schütteln.

Den abgekühlten Reis in eine Vorratsdose füllen und alle Zutaten bis auf das Nori-Blatt, die Soja-Wasabi-Sauce und den Ingwer untermischen. Eine Frischhaltefolie direkt auf die Reismischung legen und die Dose schließen. So trocknet der Reis nicht aus.

Vor dem Verzehr zunächst die Soja-Wasabi-Sauce unter den Reis rühren, dann die Nori-Streifen und den Ingwer darüber verteilen.

Salate u
Suppen

CAPRESE TO GO

Die innovative Art, Caprese „on the road" zu genießen

➡ **FOTO**

Zubereitungszeit 10 Minuten

➡ Für 1 Portion

Spieße
1 Schale Kirschtomaten,
8–10 Basilikumblätter
1 Kugel Mozzarella (125 g)
Zahnstocher

Dressing
1–2 EL Olivenöl
1–2 EL Balsamico
1 Schuss Sojasauce
1 Spritzer Sesamöl
frisch gemahlener schwarzer Pfeffer

Tomaten und Basilikumblätter waschen und trocken tupfen. Den Mozzarella in Scheiben schneiden und diese dann halbieren.

Ein Basilikumblatt, eine Tomate und eine Mozzarellascheibe mit einem Zahnstocher aufspießen. Mit allen Zutaten so weiter verfahren, dann in eine Vorratsdose legen und mit Frischhaltefolie verschließen.
Alle Zutaten für das Dressing in ein Schraubglas geben und gut schütteln.

Spieße in das Dressing dippen oder dieses über die Spieße in der Dose gießen.

TOMATEN-GURKEN-TATAR

Zubereitungszeit 10 Minuten

➡ Für 1 Portion

1 mittelgroße, nicht zu reife
   Fleischtomate
1 kleine Landgurke
50 g Bergkäse am Stück
   (vegan: Räuchertofu)
1 TL getrocknete Dillspitzen
1 EL süßer Senf
1 EL Apfelessig
1 ½ EL Pflanzenöl
Salz und frisch gemahlener
   schwarzer Pfeffer

Tomate und Gurke putzen. Tomate, Gurke und Käse in sehr kleine Würfelchen schneiden oder hacken und direkt in eine Vorratsdose füllen.

Die restlichen Zutaten in einem Schraubglas zu einer cremigen Emulsion schütteln. Über die Gemüse-Käse-Mischung gießen, unterrühren, den Salat kühl stellen und gut durchziehen lassen, sodass mit den Gemüsesäften eine würzig-fruchtige Sauce entsteht.

➡ **TIPP:** Frische, knusprige Brezel runden den Geschmack des Tatars harmonisch ab. ◀

ROTE-BETE-SALAT
MIT ZITRONENSAUCE

Der Salat hält sich 3 Tage im Kühlschrank, sollten
Sie später Lust auf die zweite Portion haben.

Zubereitungszeit 10 Minuten
zzgl. 20 Minuten Marinierzeit

➡ Für 1 große oder 2 kleine Portionen

3 Schalotten
3 gegarte Rote Beten
½ TL Agavendicksaft
3 EL extra natives Olivenöl
Saft von ½–1 Zitrone
2 mittelgroße Kartoffeln,
    geschält und gekocht
1 Handvoll Petersilie, grob gehackt
Salz und Pfeffer aus der Mühle

Die Schalotten waschen und mit der Schale 5 Minuten in Salzwasser kochen. Die Rote Bete schälen, fein
hobeln oder hauchdünn schneiden und in eine Vorratsdose legen.

In einem Schraubglas Agavendicksaft, Olivenöl
und etwas von dem Zitronensaft mit Salz und Pfeffer
kräftig schütteln, bis eine cremige Sauce entsteht.

Kartoffeln in Scheiben schneiden. Die Schalotten
schälen und ebenfalls in Scheiben schneiden. Kartoffeln und Zwiebeln zu der Roten Bete geben und alles
sorgfältig mischen. Die Petersilie darüberstreuen und
die Sauce untermischen. In den Kühlschrank stellen
und ziehen lassen.

VEGAN

SOMMERLICHER REISSALAT

Zubereitungszeit 15 Minuten
zzgl. 10 Minuten Kochzeit und Kühlzeit

➡ Für 1 großen Salat

1 kleine Zucchini
1 gelbe Paprika
100 g würziger Käse (z. B.
   Appenzeller, vegan: geröstete
   Räuchertofu-Würfel)
1 Beutel Parboiled Reis (125 g)
1 Handvoll frische Petersilie
2 EL Olivenöl
1 Spritzer Zitronensaft
Salz und frisch gemahlener
   schwarzer Pfeffer

In einem Topf 1 l gesalzenes Wasser zum Kochen bringen. Währenddessen die Zucchini und Paprika putzen und in schmale Stifte schneiden. Den Käse klein würfeln.

Den Reis 10 Minuten köcheln. 1 Minute vor Ende der Garzeit das Gemüse dazugeben und kurz blanchieren. Den Reisbeutel aus dem Wasser nehmen und den Reis auf einem großen Teller 10 Minuten abkühlen lassen. Das Gemüse in ein Sieb abgießen und abschrecken. Die Petersilie grob hacken. Alle Zutaten in einer großen Vorratsdose mischen, würzen und in den Kühlschrank stellen.

GRÜSSE AUS FERNOST

VEGAN

Zubereitungszeit 10 Minuten

➡ Für 1 Salat

Salat
3–4 zarte Chinakohlblätter
½ Kohlrabi
1 Handvoll sehr frischen Sojasprossen
50 g Glasnudeln
1 Handvoll Paprikastreifen
1 Handvoll geröstete Erdnüsse,
2–3 Korianderblätter

Dressing
2 EL Pflanzenöl
2 TL Sojasauce
1 EL Limettensaft
   (alternativ: Zitronensaft)
1 TL Puderzucker
scharfe Chilisauce nach Geschmack

Den Chinakohl in dünnen Streifen, den Kohlrabi in feine Stäbchen schneiden. Sojasprossen und Glasnudeln in eine Schüssel geben, mit 200 ml heißem Wasser übergießen, 5 Minuten ziehen lassen und anschließend durch ein Sieb abgießen und abtropfen lassen.

Das kleingeschnittene Gemüse mit den Nudeln und den Sprossen in eine Vorratsdose geben, gut verrühren. Die Korianderblätter etwas zerrupfen und dazugeben. Die Erdnüsse separat mitnehmen.

Die Zutaten für das Dressing in ein Schraubglas geben, gründlich schütteln, abschmecken, die Hälfte davon zum Salat geben, die andere Hälfte im Gläschen mitnehmen und, wie die Erdnüsse, erst kurz vor dem Verzehr daruntermischen.

KALTE PASTA MIT FETA

Zubereitungszeit 15 Minuten
zzgl. 15 Minuten Kochzeit und
Marinierzeit

➡ Für 4 Portionen

350 g sehr bissfeste Pasta
   (Garganelli oder Orecchiette)
1 rote Zwiebel
4 EL Weißweinessig
1 TL Oregano
1 Prise getrockneter Kreuzkümmel
1 Prise Chiliflocken
5–6 EL Olivenöl
1 reife Fleischtomate (300 g)
1 Landgurke
150 g schnittfester Feta
   (vegan: Kräutertofu)
1 Handvoll schwarze Oliven ohne Stein
Salz und frisch gemahlener
   schwarzer Pfeffer

Während die Nudeln in Salzwasser kochen, die Zwiebel schälen und in sehr feine Ringe schneiden. In einer kleinen Schüssel 2 EL Essig mit 2 EL Wasser mischen und die Zwiebelringe hineinlegen. Das Ziehen in Essigwasser mildert die Schärfe und hilft, schlechten Atem nach dem Verzehr zu vermeiden.

Oregano, Kreuzkümmel, Chili, Olivenöl und den restlichen Essig zu einer Marinade verrühren.

Die Tomate und die Gurke waschen. Tomate und Gurke sowie den Käse in mundgerechte Würfel schneiden. Wenn die Nudeln gar sind, abgießen und unter kaltem Wasser abschrecken, sehr gut abtropfen lassen. In eine große Vorratsdose füllen, Oliven, Gemüse und Käse daruntermischen und die Marinade darübergießen. Die Zwiebelringe abgießen, etwas trocken tupfen und zum Salat geben.

FARFALLE-SALAT

➡ FOTO

Zubereitungszeit 10 Minuten
zzgl. 15 Minuten Kochzeit

➡ Für 4 Portionen

300 g Farfalle
250 g in Öl eingelegte
   Artischockenherzen aus dem Glas
250 g Büffelmozzarella
1 kleines Bund Schnittlauch
Saft von ½ Zitrone
1–2 EL Olivenöl
Salz und grob gemahlener
   schwarzer Pfeffer

Die Farfalle nach Packungsanleitung in Salzwasser al dente kochen. Die Artischockenherzen gut abtropfen lassen und jeweils in 6–8 Spalten schneiden.

Den Mozzarella in 2 cm lange Segmente schneiden und in eine große Vorratsdose legen. Den Schnittlauch waschen, trocken schütteln und in Röllchen schneiden.

Zitronensaft, Olivenöl, Salz und Pfeffer zu einer Marinade verrühren und über den Mozzarella gießen.

Die Nudeln unter kaltem Wasser abschrecken und gründlich abtropfen lassen. Zum Mozzarella geben und mit Artischockenherzen und Schnittlauch unterrühren.

MEDITERRANER SALAT

Mit einem Stück Ciabatta oder Fladenbrot zum Aufnehmen der Sauce genießen. Die Sauce kann in größeren Mengen auf Vorrat zubereitet und im Kühlschrank mehrere Wochen aufbewahrt werden.

Zubereitungszeit 10 Minuten

➡ Für 1 großen Salat

Salat
2 Handvoll Salatblätter nach Belieben
1 Strauchtomate
1 Selleriestange
3–4 scharfe Peperoni
6–8 Basilikumblätter
1 Landgurke
3 frische Champignons
1 Büffelmozzarella
1 Handvoll grüne und schwarze Oliven
1 EL Kürbiskerne

Sauce
2 EL Olivenöl
1 EL Weißweinessig
1 EL Sojasauce
1 TL getrockneter Oregano
1 TL Sesamöl
1 Prise Puderzucker

Gemüse und Kräuter putzen und bei Bedarf trocken tupfen, die Gurke schälen, Champignons in dünne Scheiben schneiden. Alles bis auf Mozzarella, Oliven und Peperoni in eine große Vorratsdose legen. Diese sowie Kürbiskerne separat mitnehmen.

Alle Zutaten für die Sauce in ein Schraubglas geben und gründlich schütteln. Vor dem Verzehr die verschiedenen Gemüse in der Dose nach Belieben weiter zerkleinern. Den Mozzarella würfeln und zusammen mit Kürbiskernen, Oliven und Peperoni dazugeben. Die Sauce darübergießen, alles gründlich mischen und einige Minuten ziehen lassen.

ENERGY BOOSTER SALAD

VEGAN

Zubereitungszeit 10 Minuten

➡ Für 1 großen Salat

1 Stangensellerie mit Blättern
1 mittelgroße Karotte
Saft von ½ Zitrone
1–2 EL Olivenöl
Salz und frisch gemahlener
   schwarzer Pfeffer

Die äußeren Selleriestangen entfernen und lagern – sie können für andere Zubereitungen gebraten oder für Suppen verwendet werden. Das weiße Sellerieherz auseinanderziehen, waschen, trocken tupfen und in dünne Scheiben schneiden. Die Karotte abbürsten und grob reiben.

Sellerie und Karotte in einer Schüssel mit Zitronensaft, Olivenöl, Salz und Pfeffer anmachen. Dazu nach Belieben gebackene Tofu-Scheiben, gehobelten Hartkäse oder Brot genießen.

RUSSISCHER SALAT
LIGHT

Mit einem kleinen Trick verwandelt sich die Kalorienbombe in ein leichtes Wölkchen.

Zubereitungszeit 10 Minuten
zzgl. 10 Minuten Kochzeit

➡ Basiszutaten für 2 Portionen

1 mittelgroße Kartoffel
1 mittelgroße Karotte
1 kleine Dose feine Erbsen
   (140 g Abtropfgewicht)

vegetarische Sauce
1 TL scharfer Senf
2 TL Zitronensaft
1 EL Olivenöl
1 Becher körniger Frischkäse (200 g)
Salz und frisch gemahlener
   schwarzer Pfeffer

vegane Sauce
250 g fettreduzierte vegane
   Mayonnaise

Die Kartoffel und die Karotte abbürsten und in grobe Stücke schneiden. In kochendem Salzwasser al dente garen. Währenddessen die Erbsen in ein Sieb gießen und abspülen. Dann in eine Schüssel oder direkt in eine Vorratsdose geben.

Das Gemüse aus dem Topf abgießen, dabei 3–4 EL Gemüsewasser auffangen und beiseitestellen. Die Kartoffelstücke pellen. Alles klein würfeln und zu den Erbsen geben.

Für die vegetarische Creme in einem Schraubglas Senf, Zitronensaft, Öl, Salz und Pfeffer zu einer cremigen Emulsion schütteln. Das Gemüsewasser dazugeben, nochmals kräftig schütteln.

Den Käse zum Gemüse geben und die Zutaten miteinander vermengen. Die vegetarische Creme darübergießen und alles nochmals gründlich mischen.

Für die vegane Version die Mayonnaise zum Gemüse geben und mit Salz und Pfeffer abschmecken. Eventuell noch etwas Gemüsekochwasser unterrühren. Der Salat schmeckt allein oder als Beilage zum Beispiel zu Seitan-Steaks.

ORANGEN-AVOCADO-SEITAN-SALAT

VEGAN

➡ FOTO

Zubereitungszeit 10 Minuten
zzgl. 10 Minuten Bratzeit
und Abkühlzeit

➡ Für 1 großen Salat

1 reife Avocado
1 Orange
1 kleine Landgurke
1 Radicchioherz
150 g Seitan
Salz und frisch gemahlener
    schwarzer Pfeffer
Olivenöl zum Braten

Die Avocado halbieren, den Kern entfernen und mit einem Teelöffel das Fruchtfleisch herausschälen, in eine Vorratsdose füllen. Die Orange schälen und die einzelnen Spalten über dem Avocadofruchtfleisch filetieren, damit der Saft in die Dose tropft. Die Orangenfilets dazulegen.

Die Gurke schälen und in kleine Würfel schneiden, in die Schüssel zu der Avocado geben. Den Radicchio zerzupfen und ebenfalls dazugeben. Den Salat mit wenig Salz und Pfeffer würzen, umrühren und in den Kühlschrank stellen.

In einer Pfanne das Öl erhitzen. Den Seitan in dünne Scheiben schneiden und mit Pfeffer würzen. Im Öl etwa 3 Minuten von jeder Seite kross braten. Beiseitestellen und abkühlen lassen, danach in einer Vorratsdose bei Raumtemperatur aufbewahren.

Zum Verzehr den Seitan zum Salat geben und alles verrühren. Wer mag, streut einige Löffel gepuffte Amaranthkörner, gekochtes Quinoa oder Vollkornreis über den Salat.

PENNE-SALAT

Zubereitungszeit 15 Minuten
zzgl. 15 Minuten Kochzeit

➡ Für 1 Portion

100 g Vollkorn-Penne
6–8 Blumenkohl- oder Brokkoliröschen
200 g Datteltomaten
2 Knoblauchzehen
1 Chilischote, entkernt und gehackt
1 TL Pizzagewürz
100 g getrocknete Tomaten
4–6 Kalamata-Oliven
gehobelter Pecorino zum Bestreuen
    (alternativ Hefeflocken)
Salz und frisch gemahlener
    schwarzer Pfeffer
Olivenöl zum Braten

Die Nudeln zusammen mit dem Blumenkohl in leicht gesalzenem Wasser nach Packungsanleitung al dente kochen. Die Datteltomaten waschen, abtupfen und beiseitestellen.

Knoblauch schälen und hacken, die Chilischote halbieren, entkernen und ebenfalls fein hacken. In einer Pfanne wenig Olivenöl erhitzen. Knoblauch, Chili und Pizzagewürz darin anbraten. Die Datteltomaten dazugeben und schmoren. Die getrockneten Tomaten klein schneiden und in die Pfanne geben. Mit Salz und Pfeffer würzen, die Temperatur noch einmal kurz erhöhen. Den Herd ausstellen und die Oliven dazugeben.

Nudeln und Gemüse abgießen, abschrecken und in eine Schüssel füllen. Die Sauce aus der Pfanne dazugeben, alles gut mischen und ziehen lassen. Den Pecorino separat einpacken und vor dem Verzehr über den Salat streuen.

LAUCHCREMESÜPPCHEN

Die Suppe schmeckt sowohl heiß als auch kalt.

Zubereitungszeit 10 Minuten
zzgl. 15 Minuten Kochzeit

➡ Für 2 Portionen

2 Lauchstangen
2 große Kartoffeln
½ TL Currypulver
500 l hefefreie Gemüsebrühe
150 g Naturjogurt (vegan: Sojajoghurt)
1 Handvoll grob gehackte Walnüsse
Salz und frisch gemahlener
   schwarzer Pfeffer
Olivenöl zum Anbraten

Den Lauch waschen und in dünne Ringe schneiden. Die Kartoffeln schälen und würfeln. In einem Topf das Olivenöl erhitzen. Das Currypulver ins heiße Olivenöl streuen, Lauchringe dazugeben und von allen Seiten gut anbraten. Die Kartoffelwürfel untermischen und alles mit Salz und Pfeffer würzen. Die Gemüsebrühe dazugießen und die Suppe zum Kochen bringen, dann etwa 10 Minuten garen.

Das Gemüse mit einem Pürierstab cremig rühren und abschmecken, dann den Jogurt unterrühren.

Die Walnüsse separat mitnehmen und vor dem Verzehr über die Suppe streuen. Wer mag, streut noch gehobelten Parmesan (alternativ Hefeflocken) auf die heiße Suppe. Feines Knäckebrot ist der perfekte Begleiter.

SAMTIGE KAROTTENCREMESUPPE

➡ **FOTO**

Zubereitungszeit 10 Minuten
zzgl. 20 Minuten Kochzeit
und Abkühlzeit

➡ Für 3–4 Portionen

700 g Karotten
1 mittelgroße Kartoffel
2 Knoblauchzehen
3 cm frischer Ingwer
2 EL Pflanzenöl
je ½ TL Kreuzkümmel, Kurkuma
   und Korianderpulver
600 ml hefefreie Gemüsebrühe
1 Spritzer Zitronensaft
Salz und frisch gemahlener
   schwarzer Pfeffer

Die Karotten abbürsten und die Kartoffel schälen. Beides in etwa 2 cm große Stücke schneiden. Knoblauch und Ingwer schälen und fein hacken.

In einem großen Topf das Olivenöl erhitzen. Knoblauch, Ingwer und die anderen Gewürze darin anbraten. Das Gemüse dazugeben und 2 Minuten scharf anbraten. Die Brühe darübergießen und alles bei aufgesetztem Deckel zum Kochen bringen. Die Temperatur reduzieren und die Suppe 10–15 Minuten weiterköcheln lassen. Mit Salz und Pfeffer würzen.

VEGAN

114

SÜPPCHEN VON BLATTSALAT UND ERBSEN

Zubereitungszeit 15 Minuten
zzgl. 25 Minuten Kochzeit

➡ Basiszutaten für 2 Portionen

500 ml hefefreie Gemüsebrühe
150 g Erbsen (TK)
2 kleine Schalotten
1 EL Butter (vegan: Kokosfett)
1 kleiner Kopfsalat
1 gehäufter EL Dillspitzen
frisch geriebene Muskatnuss
frisch gemahlener schwarzer Pfeffer

Für die winterliche Variante
70 g Sahne (vegan: Sojasahne)
1 EL grob gehackte Nüsse
   zum Garnieren
1 Handvoll Croûtons zum Garnieren

Für die sommerliche Variante
1 reife Tomate, entkernt und
   klein gewürfelt
Saft von 1 Zitrone
2 EL gehackte Minzeblätter
3 EL Naturjoghurt (vegan: Sojajoghurt)

In einem Topf die Brühe aufkochen. Die Erbsen darin 5 Minuten kochen. Die Schalotten grob hacken. Den Salat gründlich waschen und trocken schleudern, anschließend in dünne Streifen schneiden. In einem weiteren Topf die Butter zerlassen und die Schalotten darin glasig dünsten. Den Salat zu den Schalotten geben und im Fett anschwitzen. Mit Muskatnuss und Pfeffer würzen. 5 Minuten köcheln, die Brühe mit den Erbsen dazugeben, einen Deckel aufsetzen und alles weitere 5–7 Minuten garen.

Das Ganze im Mixer glatt pürieren, die Dillspitzen dazugeben und nochmals abschmecken.

Für die winterliche Variante die Sahne hinzufügen und verrühren. Nüsse und Croûtons separat einpacken. Entweder die Suppe direkt in die Bento-Box füllen oder abkühlen lassen und vor dem Verzehr in der Mikrowelle erhitzen.

Für die sommerliche Variante die Suppe abkühlen lassen und in den Kühlschrank stellen. Die Tomate kurz vor dem Transport würfeln und zur Suppe geben. Zitronensaft, Minze und Joghurt in einem gut schließenden Behälter separat mitnehmen. Vor dem Verzehr in die Suppe rühren. Mit Ciabatta wird die Suppe zu einer vollständigen Mahlzeit.

PRINZESSBÖHNCHENTOPF

VEGAN

Zubereitungszeit 15 Minuten
zzgl. 30 Minuten Kochzeit

➡ Für 3 Portionen

1 Dose stückige Tomaten und deren
Saft (400 g)
200 g frische Prinzessböhnchen
2 Schalotten
1 große Kartoffel
6 EL extra natives Olivenöl
2 Salbeiblätter
Schalenstreifen von
    1 unbehandelten Zitrone
1 Handvoll Petersilien- und
    Basilikumblätter
4 frische Weißbrotscheiben
2–3 EL veganes Basilikumpesto
    aus dem Glas
grobes Meersalz und frisch
    gemahlener schwarzer Pfeffer

Die Tomaten von ihren Stielansätzen befreien und grob schneiden. Die Böhnchen putzen, von den Fäden befreien und halbieren oder dritteln. Die Schalotten schälen und fein hacken, die Kartoffel schälen und grob würfeln. Tomaten, Bohnen, Schalotten und Kartoffeln in einen großen Topf geben und eine gute Prise Meersalz und Pfeffer, 4 EL Olivenöl, Salbeiblätter sowie Zitronenschale dazugeben.

Das Ganze bei mittlerer Temperatur gute 10 Minuten dünsten, dann 1 l Wasser dazugießen. Zum Kochen bringen und etwa 15 Minuten köcheln lassen oder bis die Böhnchen al dente sind. Den Topf vom Herd nehmen, Salbei und Zitronenschale entfernen und die Suppe abkühlen lassen.

In der Zwischenzeit Petersilie und Basilikum grob hacken. In eine Vorratsdose füllen, mit 1–2 EL Olivenöl gut vermischen. Brot toasten und ebenfalls einpacken. Soviel Suppe, wie verzehrt werden soll, für den Transport in eine Bento-Box füllen und den Rest für späteren Bedarf einfrieren.

Vor dem Verzehr das Brot toasten und in kleine Würfel schneiden, später als Croûtons in die Suppe geben. Oder die Brotscheibe mit dem Basilikumpesto bestreichen. Die Kräutermischung zur Suppe geben.

HOKKAIDOCREMESUPPE

VEGAN

Zubereitungszeit 20 Minuten
zzgl. 30 Minuten Kochzeit

➡ **Für 4 Portionen**

1 Hokkaido (900 g Fruchtfleisch)
1 daumenlanges Stück Ingwer
1 kleine Zwiebel
2 Knoblauchzehen
100 g geschälte rote Linsen
1 hefefreier Gemüsebrühwürfel
frisch gemahlene Muskatnuss
1 Prise Zimt
1 Schuss Balsamico
    (alternativ 1 Schuss Limettensaft)
grob gehackte Kürbiskerne zum
Bestreuen
Salz und frisch gemahlener
    schwarzer Pfeffer
Olivenöl zum Anbraten

Den Kürbis waschen, vierteln und die Kerne entfernen. Das Fruchtfleisch in etwa 3 x 3 cm große Stücke schneiden. Beiseitestellen. Den Ingwer schälen. Zwiebel, Knoblauch und Ingwer hacken. In einem Topf das Olivenöl erhitzen und Zwiebel, Knoblauch und Ingwer darin scharf anbraten.

Die Linsen waschen und mit dem Kürbisfleisch in den Topf mit den anderen Zutaten geben. Darin anbraten und die Aromen annehmen lassen.

Den zerbröselten Brühwürfel, Muskat, Salz und Pfeffer dazugeben und mit Wasser bis etwa 2 Finger hoch über dem Gemüse auffüllen. Den Zimt dazugeben und alles etwa 20 Minuten köcheln lassen.

Ist sie durch das Kochen noch nicht weich und cremig, die Kürbissuppe pürieren, mit mehr Brühe verdünnen und nachwürzen. Vor dem Verzehr mit Balsamico beträufeln und mit Kürbiskernen bestreuen.

TOMATENSUPPE
EINFACH & SCHNELL

NO. 1

Zubereitungszeit 5 Minuten

➡ Für 1 große Portion

300 g Tomatensauce (siehe Seite 24)
200 ml hefefreie Gemüsebrühe
4–6 frische Basilikumblätter
Kürbiskerne zum Bestreuen

Die Tomatensauce und die Gemüsebrühe in einen Topf geben und erhitzen. Basilikum und Kürbiskerne separat mitnehmen und vor dem Verzehr über die heiße Suppe streuen.

Nach Belieben gekochten Reis einrühren oder frisches Brot dazu reichen.

NO. 2

Zubereitungszeit 15 Minuten

➡ Für 1 große Portion

1 Schalotte
1 Prise getrockneter Oregano
  (alternativ Pizzagewürz)
50 ml Weißwein
1 Dose gehackte Pizzatomaten (400 g)
100 ml hefefreie Gemüsebrühe
1 Prise Zucker
Olivenöl zum Braten
Salz und frisch gemahlener
  schwarzer Pfeffer

In einem Topf das Olivenöl erhitzen. Die Schalotte schälen, hacken und darin glasig werden lassen, den Oregano mit anbraten. Mit dem Weißwein ablöschen und diesen bei hoher Temperatur verdampfen lassen.

Tomaten, Brühe, Zucker, Salz und Pfeffer dazugeben und alles aufkochen lassen. Bei reduzierter Temperatur gute 10 Minuten köcheln lassen. Abschmecken und in eine Bento-Box oder Vorratsdose füllen. Dazu Ciabattabrotscheiben mitnehmen.

INDISCHE LINSENSUPPE

Zubereitungszeit 10 Minuten
zzgl. 30 Minuten Kochzeit

➡ Für 4 Portionen

200 g geschälte rote oder gelbe Linsen
1 Tomate
1 Tasse Kaisergemüse
   (TK, alternativ Gemüsereste)
2 Knoblauchzehen
1 kleine Zwiebel
5–6 frische Ingwerscheiben
je 1 TL Senfkörner, getrockneter
   Kreuzkümmel, Korianderpulver
   (alternativ 2 TL Masalapulver)
2 TL scharfes Currypulver
1 l heiße hefefreie Gemüsebrühe
Saft von 1 Zitrone
Salz und frisch gemahlener
   schwarzer Pfeffer
Pflanzenöl zum Braten

Die Linsen gründlich waschen und in einem Sieb abtropfen lassen. Die Tomate in grobe Stücke schneiden. Das Gemüse klein schneiden. Knoblauch, Zwiebel und Ingwer fein hacken. In einem großen Topf das Pflanzenöl erhitzen. Alle Gewürze dazugeben und darin ihren Duft entfalten lassen.

Die Tomate dazugeben und schmoren. Linsen und Gemüse ebenfalls in den Topf geben und mit Salz und Pfeffer würzen. Alles gründlich mischen. Die heiße Brühe darübergießen, umrühren und zugedeckt bei geringer Temperatur etwa 20 Minuten kochen lassen, ab und zu umrühren. Dann mit einem Kartoffelstampfer das weiche Gemüse zerdrücken und den Zitronensaft unterrühren.

Die gewünschte Menge zum Mitnehmen in eine Bento-Box oder Vorratsdose gießen, der Rest kann eingefroren werden – die Suppe schmeckt nach dem Auftauen und Aufwärmen fast besser als frisch. Dazu Pita- oder Fladenbrot reichen.

VEGAN

MISO-SUPPE

Ich bereite die Grundbrühe gleich für mehrere Portionen vor, denn sie hält sich im Kühlschrank einige Tage frisch und ich habe mit ein paar Löffeln gegartem Vollkornreis oder einigen Glasnudeln schnell eine komplette Mahlzeit.

Zubereitungszeit 10 Minuten
zzgl. 10 Minuten Kochzeit

➡ Für 3 große Suppenschalen

Grundbrühe
   Gemüse und Gewürze nach
   Geschmack, z. B.:
1 mittelgroße Karotte
1 kleine Lauchstange
1 dünne Scheibe Knollensellerie
6 Scheiben Ingwer
1 Zitronengrasstängel
1 EL Wakame oder 1 Kombublatt
1 Prise gemahlener Koriander
2 Handvoll Tofuwürfel
   (in Sojasauce mariniert oder pur)

➡ Für 1 große Suppenschalen

1 EL Misopaste (hell oder dunkel)
1 TL geröstete Sesamsamen
1 Spritzer Sesamöl

Gemüse und Gewürze in feine Streifen schneiden und mit den Algen und den Tofu-Würfeln in einen größeren Topf geben. 1 ½ l frisches Wasser angießen, auf mittlerer Hitze bis knapp unter den Siedepunkt bringen (Miso darf nicht kochen) bringen, die Hitze reduzieren und in 8–10 Minuten bissfest garen. Die fertige Grundbrühe nach dem Abkühlen kühl stellen.

Miso mit dem Sesam und dem Öl in ein Gläschen füllen, mit einer Portion Grundbrühe mitnehmen. Vor dem Verzehr etwas Brühe ins Miso-Gläschen geben, fest zudrehen und kräftig schütteln, bis die Paste sich aufgelöst hat. In die Brühe geben, umrühren, erhitzen und essen.

VEGAN

GEMÜSECREMESUPPE

VEGAN

Zubereitungszeit 10 Minuten
zzgl. 15 Minuten Kochzeit

➡ Für 1–2 Portionen

100 g Erbsen (TK)
100 g Tempeh
4 EL Olivenöl
2–3 EL Sojasauce
1 Knoblauchzehe
1 Stück Ingwer (1–2 cm)
1 getrocknete Chilischote
1 Prise Kreuzkümmelsamen
100 g Spinat
½ Tomate
100 g Kaisergemüse (TK)
2–3 EL Tomatenmark
1 hefefreier Gemüsebrühwürfel
Schale von 1 unbehandelten Zitrone
Balsamico zum Beträufeln

Die Erbsen in kochendem Salzwasser 10 Minuten bei niedriger Temperatur garen, in kaltem Wasser abschrecken, abgießen und beiseitestellen. Den Tempeh klein würfeln und in 2 EL Olivenöl und der Sojasauce marinieren, beiseitestellen.

Knoblauch und Ingwer schälen und hacken, Chili halbieren, entkernen und ebenfalls hacken. In einem Topf 2 EL Olivenöl erhitzen. Knoblauch, Ingwer, Chili und Kreuzkümmel darin anbraten. Den Spinat und die Tomate hacken und mit dem Kaisergemüse sowie dem Tomatenmark zugeben. Den Brühwürfel darüberkrümeln. Die Zitronenschale in feine Streifen schneiden und dazulegen. Gerade soviel Wasser zugießen, dass das Gemüse knapp bedeckt ist. Den Deckel aufsetzen und bei hoher Temperatur aufkochen. Die Hitze reduzieren und die Suppe 10 Minuten weitergaren lassen.

Die Zitronenschale aus der Suppe entfernen und das Gemüse cremig pürieren. Die Erbsen zur Suppe geben und in eine Bento-Box füllen. Den Tempeh in einem Gläschen separat mitnehmen und vor dem Verzehr mit etwas Balsamico beträufeln und in die Suppe geben.

Dessert

ENERGIEBÄLLCHEN

Ein Dessert mit Power, ein Genuss zum Espresso „danach"!

➡ FOTO

Zubereitungszeit 15 Minuten

➡ Für 25 Bällchen

100 g getrocknete Mangoscheiben
10–12 entsteinte getrocknete Datteln
1 Handvoll Korinthen
1 EL geröstete Sesamsamen
3 EL gemahlene Haselnüsse

Die Trockenfrüchte klein schneiden und mit dem Sesam und der Hälfte der Haselnüsse in einen Mixer geben und zu einer glatten Paste verarbeiten.

Walnussgroße Bällchen formen und in den restlichen Haselnüssen wälzen. In einer Vorratsdose aufbewahren. Die Bällchen sind einige Monate haltbar.

VEGAN

ERDBEEREN
MIT BALSAMICO

Zubereitungszeit 5 Minuten

➡ Für 1 Portion

150 g frische Erdbeeren
1 TL Puderzucker
2 EL Crema di Balsamico
1 Spritzer Zitronensaft

Die Erdbeeren putzen und halbieren oder vierteln. In eine Vorratsdose geben und mit Puderzucker bestäuben. Die Dose verschließen, vorsichtig schütteln und kühl stellen.

Crema di Balsamico und Zitronensaft separat einpacken und kurz vor dem Verzehr über die Erdbeeren gießen. Vorsichtig von unten nach oben mischen und genießen.

VEGAN

KÜRBIS-CUPCAKES

Zubereitungszeit 10 Minuten
zzgl. 30 Minuten Backzeit

➡ Für 12 Cupcakes

200 g Hokkaido-Fruchtfleisch
80 g gemahlene Mandeln
120 g Mehl
120 g Speisestärke
120 g Zucker
1 Pck. Vanillezucker
6 EL Pflanzenöl
120 g Naturjogurt (vegan: Sojajoghurt)
100 ml Milch (vegan: Sojasahne)
1 Prise Zimt
1 Handvoll Mandelstifte
abgeriebene Schale von
    1 unbehandelten Zitrone
2–3 Spritzer Zitronensaft
¾ Pckch. Backpulver
Fett für die Form

Den Backofen auf 180 °C vorheizen. Die Mulden einer Muffinform mit etwas Fett einpinseln oder Papierförmchen hineinsetzen.

Den Kürbis grob reiben oder mit der Küchenmaschine zerkleinern. Alle Zutaten bis auf das Backpulver gründlich miteinander vermischen und zu einem cremigen Teig verrühren. Dann das Backpulver sorgfältig untermischen. Den Teig bis zum Rand in die Förmchen füllen. Etwa 25–30 Minuten goldbraun backen.

UNWIDERSTEHLICHE
APFELTASCHEN

Selbst gemacht schmeckt einfach besser!

➡ **FOTO**

Zubereitungszeit 10 Minuten
zzgl. 20 Minuten Backzeit

➡ Für 6 Apfeltaschen

1 Pckg. Blätterteig
3 EL Haselnusscreme
6 EL Apfelkompott
1 kleine Prise Muskatnuss
1 Handvoll Haselnüsse
6 getrocknete Aprikosen, in Stifte
    geschnitten

Den Ofen auf 180 °C vorheizen. Den Teig dünn ausrollen und in 6 Kreise schneiden. Mit Haselnusscreme bestreichen.

Apfelkompott und Muskatnuss miteinander verrühren und auf eine Seite der Teigplatten löffeln. Haselnüsse grob hacken, die Aprikosen in Stifte schneiden und beides über die Äpfel streuen.

Die andere Teighälfte darüberklappen, sodass Taschen entstehen. Die Ränder mit einer Gabel festdrücken und jeweils zwei bis drei Schlitze in die Taschen stechen. Auf ein mit Backpapier ausgelegtes Backblech legen und im Ofen in etwa 20 Minuten goldbraun backen.

FREAKY CAKE

Zubereitungszeit 6 Minuten

➡ Für 2 Portionen

2 Scheiben Sandkuchen
1 Tasse frisch aufgebrühter
   Espresso (50 ml)
200 g griechischer Honigjoghurt
   (vegan: Sojajoghurt mit
   Agavendicksaft)
3–4 Pistazien, grob gehackt
grob geriebene oder gehackte
   Zartbitterschokolade
   (alternativ vegane Schokolade)

In ein Glas eine Scheibe Sandkuchen legen und so viel Espresso darübergießen, dass der Kuchen zwar feucht wird, aber noch Konsistenz behält.
   Die Hälfte des Joghurts darauf verteilen und mit der Hälfte der Pistazien bestreuen. Das Ganze wiederholen und mit Schokoladensplittern schließen.
   Kühl stellen. Dazu einen starken Mokka servieren.

HIMBEERCREME

Wer das Mittagessen durch diesen Früchtetraum ersetzen möchte, bitte die Zutatenmengen einfach verdoppeln. Die Creme schmeckt auch mit Waldfrüchten toll.

Zubereitungszeit 10 Minuten

➡ Für 1 Portion

100 g Sahnequark (vegan: Sojaquark)
50 g Sahne (vegan: Sojasahne)
1 TL Akazienhonig
   (vegan: Agavendicksaft)
1 TL Vanillezucker
1 frisches Minzeblatt
1 EL zerbröselte Haferkekse oder
   Crunchy Müsli oder grob gehackte
   gebrannte Mandeln nach Belieben
100 g frische Himbeeren

Quark, Sahne, Honig und Vanillezucker in einem Vorratsglas miteinander verrühren. Das Minzeblatt leicht zerdrücken und mit den zerbröselte Kekse unterrühren.
   Die Himbeeren verlesen, fein pürieren und auf die Quarkmischung geben. Das Glas zuschrauben und kühl stellen. Einen Eislöffel mitnehmen!

HALBTROCKENE FEIGEN
GEFÜLLT

Zubereitungszeit 5 Minuten

➡ Für 1 Portion

3–4 halbtrockene Feigen,
50 g reifer Gorgonzola oder eine
  ähnliche Sorte (z. B. Stilton)

Die Feigen mit den Fingern an der Unterseite öffnen, beidseitig etwas aushöhlen und eine kleine Ecke Käse mit einem Messer auf jede Seite geben. Die Frucht wieder schließen und fertig ist das Dessert.

Emergen

Room

schnelle Gerichte

für den Notfall

FEIN ANGEMACHTE CANNELLINI- ODER
BORLOTTI-BOHNEN

Dieses Rezept stammt von meiner Mutter, die die Bohnen so zubereitete, wenn sie in Eile war.

Zubereitungszeit 15 Minuten

➡ Für 1 Portion

1 kleine rote Zwiebel
2 EL Weinessig
½ Dose Borlotti- oder
   Cannellini-Bohnen
   (120 g Abtropfgewicht)
je 3–4 in Öl eingelegte Tomaten
   und Artischockenherzen
1 Prise getrockneter Oregano
1 Schuss Olivenöl
Salz und frisch gemahlener
   schwarzer Pfeffer

Die Zwiebel schälen und in dünne Scheiben schneiden. In einer Schüssel die Zwiebelscheiben mit 2 EL Wasser und dem Essig 10 Minuten ziehen lassen, um ihnen die Schärfe zu nehmen.

Die Bohnen unter fließendem Wasser abspülen und gut abtropfen lassen. In eine Vorratsdose füllen.

Die Tomaten und Artischocken ebenfalls gut abtropfen lassen. In Streifen schneiden oder vierteln und zu den Bohnen geben. Mit Salz, Pfeffer und Oregano würzen, das Olivenöl darüberträufeln und alles vermengen.

Die Zwiebelscheiben abspülen und trocken tupfen, mit etwas Olivenöl anmachen und separat einpacken. Zum Verzehr die Zwiebel zum Salat geben, alles vermengen und nochmals abschmecken.

BIRNEN
MIT KÄSE

Einfach, erfrischend und sättigend.

Zubereitungszeit 3 Minuten

➡ Für 1 Portion

1 mittelgroße Williamsbirne
   (nicht zu weich)
150 g Provolone dolce, in Stifte
   geschnitten (alternativ fester
   Blauschimmelkäse)

Die Birne waschen, in Spalten schneiden und entkernen. Mit dem Käse genießen.

BLUMENKOHL-MAIS-PÜREE

Das Beste, das einem Blumenkohl passieren kann!

Zubereitungszeit 15 Minuten

➡ Für 1 Portion

200 g Blumenkohl
  (egal ob roh oder gekocht)
150 g Mais aus der Dose
½ hefefreier Brühwürfel
je 1 Prise getrockneter Kreuzkümmel
  und Majoran
½ TL Sambal Oelek (Chilipaste)
1 Schuss Reisessig
1 Schuss Sojasauce
Salz

Den Blumenkohl mit den Händen in einen kleinen Topf bröseln. Alle anderen Zutaten außer der Sojasauce und dem Reisessig dazugeben. So viel Wasser darübergießen, dass die Zutaten knapp bedeckt sind. Mit aufgesetztem Deckel zum Kochen bringen, dann die Temperatur reduzieren und etwa 10 Minuten, oder bis der Blumenkohl gar ist, köcheln lassen.

Den Topf vom Herd nehmen, Essig und Sojasauce dazugeben und alles grob mit dem Mixstab pürieren. Geröstete Tofu-Scheiben passen sehr gut dazu.

VEGAN

ASIATISCHE NOTFALL-NUDELSUPPE

Zubereitungszeit 5 Minuten

➡ Für 1 Portion

60 g Wok-Nudeln ohne Kochen
¼ hefefreier Brühwürfel

*Nach Belieben zur Ergänzung
oder Verfeinerung*
getrocknete oder frische Algen
eingelegte Senfblätter, klein
  geschnitten
geröstete Sesamsamen
Sesamöl
1 Msp. Sambal Oelek (Chilipaste)
eingelegter Rettich, klein geschnitten
Misopaste
Seiden- oder Räuchertofu
  (alternativ Tempeh)
gedämpftes Gemüse vom Vortag
Reis vom Vortag

In eine größere Schale die Nudeln und den zerbröselten Brühwürfel geben, anschließend mit heißem Wasser aufgießen. Die separat mitgebrachten Zutaten zugeben und darin erhitzen.

VEGAN

DREI JUWELEN IM BAMBUSDÄMPFER

➡ **FOTO**

Zubereitungszeit 10 Minuten
zzgl. 15 Minuten Kochzeit

➡ Für 1 Portion

2 Bananenblätter (TK) oder Salatblätter
6–8 Dim Sums (TK, Asia-Handel)
200 g eingelegter Tofu (siehe Seite 22)
2 Handvoll Gemüse (z. B. Lauch,
    Karotten, Brokkoli, grüne Bohnen)
2 EL süße Chilisauce, mit etwas
    Reisessig verdünnt, oder
    Barbecue-Sauce (siehe Seite 26)
Sesamöl zum Beträufeln

Die Bambuskörbe mit Bananenblättern auslegen. Die Brote oder Dim Sums mit etwas Sesamöl beträufeln, den Tofu würfeln. Brot und Tofu in den unteren Korb eines zweistöckigen Bambusdämpfers (alternativ Kochtopf mit Dampfeinsätzen) legen.

Das Gemüse in mundgerechte Stücke schneiden und im oberen Korb auslegen, zudecken.

Den Bambusdämpfer in eine große Pfanne stellen. Die Pfanne zur Hälfte mit Wasser füllen, dieses zum Kochen bringen und dann die Temperatur reduzieren. Der Dampf gart die Zutaten in etwa 10 Minuten. Immer wieder prüfen, ob in der Pfanne noch genug Wasser vorhanden ist.

In der Zwischenzeit die Sauce in ein Gläschen zum Mitnehmen füllen. Den Inhalt der Körbe in eine Bento-Box füllen.

QUICK QUARK

Ein super schneller Snack, einfach alles auf dem Weg zur Arbeit einkaufen.

Zubereitungszeit 5 Minuten

➡ Für 1 Portion

200 g Magerquark (vegan: Sojaquark)
1 reife Tomate
1 kleine Landgurke
Kräutersalz
Dillspitzen nach Belieben

Den Quark mit einem Schuss kaltem Wasser anrühren. Tomate und Gurke würfeln, in eine Schüssel geben und mit Kräutersalz würzen. Den Quark unterrühren und mit Dill verfeinern.

Register

© 2014 Fackelträger Verlag GmbH, Köln
Emil-Hoffmann-Straße 1
D-50996 Köln

Alle Rechte der Verbreitung, auch durch Film, Funk, Fernsehen, fotomechanische Wiedergabe, Tonträger aller Art, auszugsweisen Nachdruck oder Einspeicherung und Rückgewinnung in Datenverarbeitungsanlagen aller Art, sind vorbehalten. Die Inhalte dieses Buches sind von Autor und Verlag sorgfältig erwogen und geprüft, dennoch kann eine Garantie nicht übernommen werden. Eine Haftung von Autor und Verlag für Personen-, Sach- und Vermögensschäden ist ausgeschlossen.

Rezepte und Texte: Micaela Stermieri, Köln
Fotografie: Manuela Rüther, Köln
Foodstyling: Petra Wegler und Stephan Kern, Köln
Styling: Anja Boeffel, Köln
Assistenz: Thomas Epping, Köln
Lektorat: Sabine Durdel-Hoffmann, Essen
Layout, Satz und Umschlaggestaltung: Christa Marek, Köln

Gesamtherstellung: Fackelträger Verlag GmbH, Köln

Ein großer Dank für die schnelle Lieferung wunderschöner Boxen geht an Bento Box (habenwollen, GmbH), bentoshop.de; Rosti Mepal, www.mepal-rosti.eu, Tupperware, www.tupperware.de und an das Titel-Model Clara Wicher, Köln

ISBN 978-3-7716-4527-4
Printed in China

www.fackeltraeger-verlag.de

Für die drei wertvollsten Familienjuwelen Federico, Edoardo und Elettra. Eure Tante liebt euch abgöttisch (obwohl sie so weit weg ist).

Ich danke meiner Mutter und allen Frauen unserer Familie, die mir die Liebe zu gesundem und puristischem Essen vermittelt haben.

Danke an meine Freundinnen Antonella Pasini, die mir aus ihrem Thailand-Urlaub mit ihren Ciabatte ausgeholfen hat, und Susanne Hausmann, die immer mit einem wertvollen Tipp, Rat- oder Vorschlag beistand.

Ich danke euch vor allem für eure Warmherzigkeit und Freundschaft.

Mein großer Dank an Dr. Thomas Hauffe und Ilka Grunenberg vom Fackelträger Verlag, die sich wieder getraut haben, mit mir hinauszusegeln; an Marion Klask von der VEMAG, immer wieder danke ich dir für deine großartige Unterstützung, du einmalige Erscheinung.

Ich bedanke mich bei der Fotografin Manuela Rüther und ihrem Team für die liebevolle und sensible Umsetzung der Rezepte, ich fühle mich durch euch wie auf einem himmlischen Servierteller getragen ... vielen Dank.

Sabine Durdel-Hoffmann, meine liebste Lektorin und welchen Ehrentitel sie sonst noch verdient hat: Was soll ich sagen? Es ist mir eine große Freude und Ehre gewesen, wieder mit Ihnen schöpfen zu dürfen. Auf zu neuen Abenteuern! Immer wieder nur zu gern.

An Max. Sensibler Künstler, Ehemann, Freund und feiner Koch, außerdem von mir offiziell anerkannter Tester und einziges Jurymitglied ... danke. Wenn ich schreibe, dann kochst du, wenn ich koche, dann gibst du dich meinen Experimenten hin und nimmst in Kauf, eine komplette Mahlzeit zu verpassen.

Wenn das keine Liebe ist ...